COURS DE STATIQUE

Niveau 1

Pr Didier FOKWA, Agrégé de Génie Civil

Copyright © 2025 FOKWA Didier

Aucune partie de cet ouvrage ne peut être reproduite, distribuée ou transmise sous quelque forme ou par quelque moyen que ce soit, y compris par photocopie, enregistrement ou autres procédés électroniques ou mécaniques, sans l'autorisation écrite préalable de l'éditeur et de l'auteur, à l'exception de brèves citations incorporées dans des comptes rendus critiques ou à d'autres fins non commerciales autorisées par la législation sur le droit d'auteur.

Éditeur: Upway Books
Auteur: FOKWA Didier
Titre: COURS DE STATIQUE
ISBN: 978-1-917916-75-2
Couverture réalisée sur Canva: www.canva.com

Cet ouvrage est un ouvrage de non-fiction. Les informations qu'il contient sont fondées sur les recherches, l'expérience et les connaissances de l'auteur au moment de la publication. L'éditeur et l'auteur ont déployé tous les efforts nécessaires pour garantir l'exactitude et la fiabilité des informations fournies, mais déclinent toute responsabilité en cas d'erreurs, d'omissions ou d'interprétations divergentes du contenu présenté. Cette publication n'a pas pour vocation de se substituer aux conseils ou consultations d'un professionnel qualifié. Les lecteurs sont encouragés à solliciter l'avis d'un spécialiste lorsque cela s'avère approprié.

contact@upwaybooks.com
www.upwaybooks.com

Table des matières

Chapitre 1 : Notions fondamentales…………………………………………………………...

Chapitre 2. Principe fondamental de l'équilibre……………………………………………..

Chapitre 3 : Les liaisons………………………………………………………………………...

Chapitre 4 : Caractéristiques géométriques des sections planes………………………………

Chapitre5 : Systèmes articulés…………………………………………………………………

Chapitre 6 : Statique des fils et courroie de transmission……………………………………

Chapitre 7 : Statique des fluides ……………………………………………………………

Références………………………………………………………………………………

Chapitre 1 : Notions fondamentales

1.1 Objet de la statique

La statique a pour objet l'étude de l'équilibre des corps supposés indéformables et soumis à des actions extérieures. On appelle système matériel un ensemble de points matériels liés entre eux. On parle d'un système indéformable lorsque la distance entre les différents points est fixe. Dans le cas contraire il est dit déformable et leur étude relèvera de la résistance des matériaux, de la cinématique ou dynamique des fluides.

1.2. Quelques définitions de base

1.2.1. Première loi de Newton

Dans un référentiel galiléen, le mouvement d'un point est rectiligne uniforme ou au repos. Le référentiel de Copernic est galiléen. Il a son origine au centre de gravité du système solaire, ses axes définis par trois étoiles très éloignées et supposées fixes par rapport au centre de gravité du système solaire. Tout référentiel en translation uniforme par rapport au référentiel de Copernic est galiléen. Tout référentiel pris par rapport à la terre est galiléen, la terre étant considérée comme fixe.

1.2.2 Point matériel

On appelle **point matériel** ou **corps ponctuel** un système mécanique dont les dimensions sont petites devant les distances caractéristiques du mouvement étudié (distance parcourue, rayon d'une orbite...). Le système mécanique est alors modélisé par un point géométrique M, auquel on associe sa masse m. Le modèle du point matériel est le plus simple objet que l'on puisse envisager pour un système mécanique. Aucune information sur la forme géométrique du point réel, la répartition de la matière (des masses) en son sein, etc... n'est décrit. La seule grandeur physique caractéristique du système est sa masse.

1.2.3. Masse volumique d'un corps solide

La masse d'un corps est définie par la quantité de matière qu'il contient. C'est une grandeur scalaire. Cette masse est fonction de la répartition interne des particules qu'il contient. On définit la densité comme la masse d'un corps par unité de volume. Cette densité peut être vue de deux manières :

1.2.4. Densité moyenne

Les particules sont uniformément réparties dans le volume et ne dépendent pas du point d'observation. Soit une masse élémentaire ΔM [kg] correspondant au volume ΔV [m^3], on note :

$$\bar{\rho} = \frac{\Delta M}{\Delta V} \ [\text{kg/m}^3]$$

Elle est indépendante du point.

1.2.5. Densité

En nous plaçant dans le cas où les particules ne sont pas uniformément réparties dans le volume, la densité dépend du point P considéré et mathématiquement on peut la définir par :

$$\rho(P) = \lim_{\Delta V \to 0} \frac{\Delta M}{\Delta V} = \frac{dM}{dV}$$

Le poids du corps est relié à sa masse par la loi de Newton :

$$\vec{P} = M\vec{g} = \rho \vec{g} V \ [\text{N}]$$

Où $\vec{g}$ [m/s^2] est l'accélération de la pesanteur.

Le tableau qui suit donne les densités de quelques matériaux

Matériaux	Densité [kg/m^3]
Acier	7 800
Aluminium	2 700
Béton armé	2 500
Béton non armé	2 000
Azobé (15% d'humidité)	800
Bongossi	800

Okhan (15%d'humidité)	900
Missanda (15%d'humidité)	1 100
Doussié (15%d'humidité)	800

1.3. Modélisation des actions mécaniques

1.3.1 Définition d'une action mécanique

D'une façon générale, on appelle **action mécanique** toute cause physique susceptible :
- de maintenir un corps au repos ;
- de créer, de maintenir ou de modifier un mouvement ;
- de déformer un corps.

1.3.2 Classification des actions mécaniques

Les actions mécaniques sont classées en deux familles:
- Les **actions mécaniques à distance** (champs de pesanteur, champs magnétique, champs électrostatique)
- Les **actions mécaniques de contact** (dans les liaisons mécaniques)

Un ensemble de corps étant défini (isolement), on distingue les actions mécaniques **extérieures** des actions mécaniques **intérieures** à cet ensemble. En effet, soient quatre solides S_1, S_2, S_3, $S3$, $S4$, et E l'ensemble constitué par S_1 et S_2 : E={ S_1, S_2 }.

Le bilan des **actions mécaniques extérieures** qui agissent sur l'ensemble E s'établit ainsi:
- Poids de l'ensemble E (Action Mécanique à distance : poids de S_1 et poids de S_2).
- Actions mécaniques de contact exercées respectivement en A et C par S_3 et S_4 sur l'ensemble E aux points A, et C (Actions Mécaniques de contact).

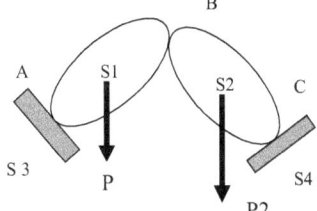

Figure 1.1 : Exemple de contacts entre solides

1-3.3. Notion de force

Une force est une grandeur vectorielle résultant de l'action d'un corps sur un autre et tendant à modifier le mouvement de ce dernier. Etant une grandeur vectorielle, toutes les propriétés des vecteurs vont s'y appliquer. Elle est par conséquent caractérisée par :
- son point d'application, c'est-à-dire le point où elle agit ;
- sa direction ou la ligne suivant laquelle elle agit ;
- son sens, c'est celui suivant lequel elle tend à faire modifier le mouvement du corps ;
- sa grandeur ou son intensité.

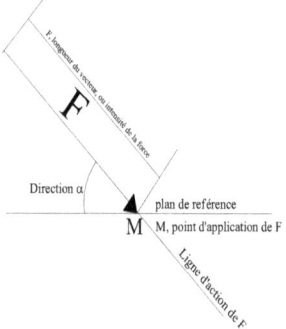

Figure 1.2 : Propriétés géométriques d'une force

Une force est donc représentée par une flèche dont la longueur est proportionnelle à son intensité. L'unité de la force est le Newton (N) qui dérive du système d'unité internationale (SI) par la $2^è$ loi de Newton donnée qui stipule que la variation de quantité de mouvement d'un corps est égale à l'ensemble des forces qui lui sont appliquées :

$$\vec{F} = \frac{d(M\vec{v})}{dt} = M\vec{\gamma}$$

Si on est en présence de plusieurs forces :

$$\sum \vec{F} = \frac{d(M\vec{v})}{dt} = M\vec{\gamma}$$

M est la masse du corps ;

$\vec{v}$ la vitesse du corps[m/s]

t le temps[s]

$\vec{\gamma}$ (m/s²) est l'accélération de la pesanteur ;

Remarques :

1N = 1kg m/s²

1 kgf = 1 kg x 9,81 m/s²=9,81N≈10 N

1.3.4 Différentes formes de forces sur les structures

Une force peut être ponctuelle ou concentrée, mais elle est plus souvent soit surfacique soit volumique. Considérons le portique de la figure 2, constituée :
- d'une poutre de section a$_x$b et de longueur L ;
- de deux poteaux de section a$_x$c et de hauteur h ;

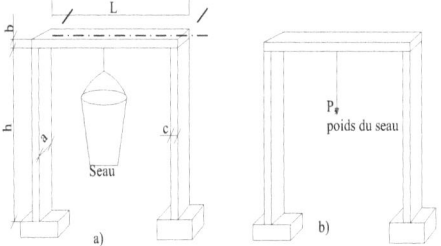

Poteau : section a*c, hauteur H ; Poutre : section a*b, longueur L, Semelle : surface A*C, hauteur h$_0$

a) : système portique +seau   b) : le seau est remplacé par son poids $\vec{P}_s$

Figure 1.3 : Portique encastrée dans une fondation

Les deux poteaux sont encastrés dans un massif de fondation rigide. Au milieu de la poutre est accrochée un seau contenant du sable et leur masse totale est M. Les poteaux comme la poutre sont en béton armé de masse volumique ρ.

Analysons les différentes formes de forces en présence dans cette structure.

1.3.4.1. Force de volume :

Soit ΔV un volume élémentaire d'un corps de masse ΔM, et $\Delta \vec{F}$ la force élémentaire appliquée sur ΔV. On appelle force par unité de volume de ce corps le vecteur :

$$\vec{f}v = \frac{\Delta \vec{F}}{\Delta V} = \lim_{\Delta V \to 0} \frac{d\vec{F}}{dV} = \frac{d\vec{F}}{dV} \text{ [N/m}^3\text{]}$$

Le poids propre des structures est l'exemple le plus courant de force volumique dans le cadre de la mécanique des solides où la densité des matériaux est en général indépendante des coordonnées et du temps. Ainsi si :

- le poids du seau est $\vec{P}_s = M\vec{g}$, son poids volumique est : $\vec{f}v = \frac{\vec{P}_s}{V} = \frac{\rho V}{V} \vec{g} = \rho \vec{g}$
- Le poids de la poutre : $\vec{P}_t = (\rho abl)\vec{g}$;
- Celui du poteau : $\vec{P}_p = (\rho ach)\vec{g}$;
- Celui de la semelle $\vec{P}_F = (\rho ACh)\vec{g}$.

1.3.4.2. Force massique

Soit ΔV un volume élémentaire d'un corps de masse ΔM, et $\Delta \vec{F}$ la force élémentaire appliquée sur ΔV. On appelle force par unité de masse de ce corps le vecteur :

$$\vec{f}_m = \frac{\Delta \vec{F}}{\Delta M} = \lim_{\Delta M \to 0} \frac{d\vec{F}}{dM} = \frac{d\vec{F}}{\rho dV} \text{ [N/kg]}$$

En mécanique des fluides les forces de volume sont traitées plutôt par unité de masse. Ceci convient particulièrement pour l'étude des gaz où les forces de volume et la densité du milieu sont fonction des coordonnées et du temps.

1.3.4.3. Force surfacique

Soit autour d'un point P, ΔS une surface élémentaire d'un corps donné orientée par une normale sortante $\vec{n}$, et $\Delta \vec{F}$ la force élémentaire appliquée sur ΔS. On appelle force par unité de surface(ou vecteur contrainte) sur ce corps le vecteur :

$$\vec{T}(M,\vec{n}) = \frac{\Delta \vec{F}}{\Delta S} = \lim_{\Delta S \to 0} \frac{d\vec{F}}{dS} \ [\text{N/m}^2]$$

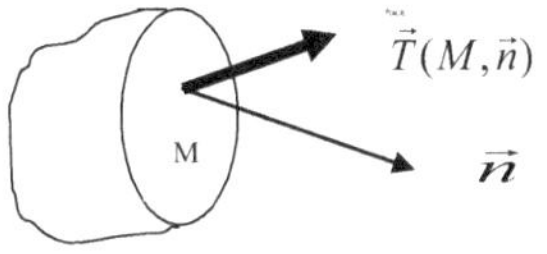

Figure 1.4 : Vecteur contrainte autour d'un point M

Il apparaît ainsi que le vecteur $\vec{T}(M,\vec{n})$ est une fonction des coordonnées, du temps et de l'orientation de la surface :

- L'action de la poutre sur chaque poteau est une force surfacique (surface d'action axc) ;
- L'action du poteau sur la fondation est une force surfacique (surface d'action axc) ;
- L'action de la semelle sur le sol est une force surfacique (surface d'action AxC).
- Les forces surfaciques représentent le plus souvent les forces de contact ou les forces de cohésion dans les corps.

1.3.4.4. Force linéaire

Soit autour d'un point P, ΔL une longueur élémentaire d'un corps et $\Delta \vec{F}$ la force élémentaire appliquée sur ΔL. On appelle force par unité de longueur (ou force linéique) sur ce corps le vecteur :

$$\vec{f}_l = \frac{\Delta \vec{F}}{\Delta L} = \lim_{\Delta L \to 0} \frac{d\vec{F}}{dL} \ [\text{N/m}]$$

Supposons que l'on réduise tout le portique à son plan moyen défini en pointillé sur la figure 1.3. On peut ainsi estimer le poids de la poutre pour un mètre linéaire. Il s'exprimera par la relation :

$$\vec{f}_p = (\rho ab)\vec{g}$$

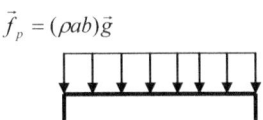

Figure 1.5. Force uniformément répartie.

1.3.4.5. Force ponctuelle

C'est une force qui agit en un point. Tel est le cas pour le seau accroché sur le portique de la figure 1.3. Une force ponctuelle s'exprime en Newton (N).

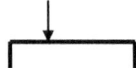

Figure 1.6. Force ponctuelle

1.3.4.6. Force de pression d'un fluide

Il s'agit ici de l'action d'un fluide ou de tout produit pulvérulent sur une parois.

$$\vec{f} = -\int_S p\vec{n}dS$$

S est la surface du support sur lequel s'appuie le fluide, $\vec{n}$ la normale à cette surface.

1.4 Quelques exemples d'actions agissant sur les structures

- le poids propre de la structure
- les charges d'utilisation ou d'exploitation (poids des mobiliers et des personnes)
- charges climatiques (vent, neige, houle…)
- charges dues aux déformations de retrait et fluage
- actions dynamiques et chocs.
- La pression de l'eau sur les parois d'un barrage ou d'un réservoir, pression des grains sur les parois d'un silo.

1.5 Moment d'une force

1.5.1. Moment d'une force par rapport à un point

Le Moment d'une force est la mesure de la tendance de cette force à faire tourner un corps autour de ce point. Ainsi le moment d'une force $\vec{F}$ appliquée en P par rapport au point O est le produit vectoriel :

$$\vec{M}_{/O} = \vec{r} \wedge \vec{F} = \overrightarrow{OP} \wedge \vec{F}$$

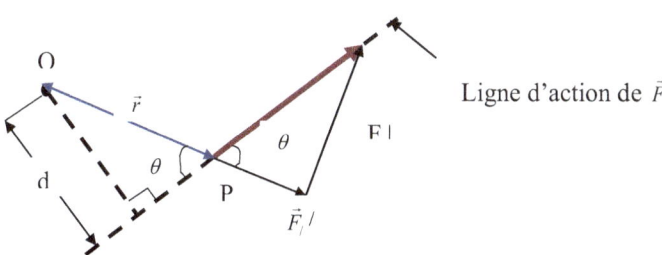

Figure 1.7 Moment d'une force par rapport à un point

$\vec{M}_{/0}$ est un vecteur dont le support est perpendiculaire au plan $((\overrightarrow{OP}, \vec{F})$, son sens est tel que le triplet $(\overrightarrow{OP}, \vec{F}, \overrightarrow{M}_{/O})$ forme en trièdre droit.

$\overline{M_{/O}} = \overline{OP}.\overline{F}.\sin\theta = Fd = rF_\perp$,

d est appelé bras de levier,

$\theta = angle(\overrightarrow{OP}, \vec{F})$.

$\overrightarrow{M}_{/O}$ est la capacité de $\vec{F}$ à imprimer une rotation à un solide autour du point 0

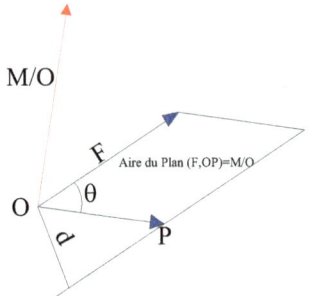

Figure 1.8 : Définition géométrique du moment d'une force

Soient :

$$\overrightarrow{OP} = \vec{r} = x\vec{i} + y\vec{j} + z\vec{k}$$
$$\vec{F} = F_x\vec{i} + f_y\vec{j} + F_z\vec{k}$$

avec $\vec{F}$ (F_x, F_y, F_z), $\overrightarrow{OM}(x, y, z)$ et $(\vec{i}, \vec{j}, \vec{k})$ la base d'un système orthonormé

$$\vec{M}_{/O} = \vec{r} \wedge \vec{F} = \begin{vmatrix} \vec{i} & \vec{j} & \vec{k} \\ x & y & z \\ F_x & F_y & F_z \end{vmatrix} = (yFz - zF_y)\vec{i} - (xF_z - zF_x)\vec{j} + (xF_y - yF_x)\vec{k} =$$

soit :

$$\begin{cases} M_x = yF_z - zf_y \\ M_y = xF_z - zF_x \\ M_z = xF_y - yF_x \end{cases}$$

1.5.2. Moment par rapport à un point d'un système de forces

Le moment par rapport à un point d'un système de forces est la somme des moments de toutes les forces par rapport à ce point.

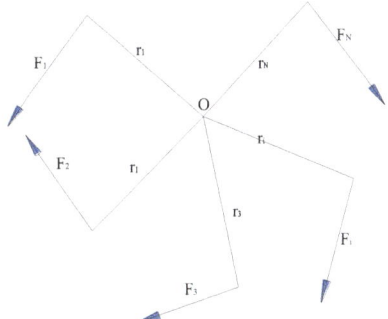

Figure 1.9 : Moment par rapport à un point d'un système de forces

$$\vec{M}_{/O} = \sum_{i=1}^{i=n} M_{i/O} = \sum_{i=1}^{i=n} \vec{r}_i \wedge \vec{F}_i$$

1.5.3. Moment d'une force par rapport à un axe

Le moment d'une force $\vec{F}$ par rapport à un axe $\vec{\Delta}$, est la composante suivant cet axe, du moment par rapport à un point quelconque de la droite. On a donc $M_\Delta = F.d$, où d est la distance de $\vec{\Delta}$ au support de $\vec{F}$.

Ainsi, le moment d'une force par rapport à un axe est nul :
- si la force et l'axe sont coplanaires ;
- si le support de la force coupe l'axe ;
- si le support de la force et l'axe sont parallèles

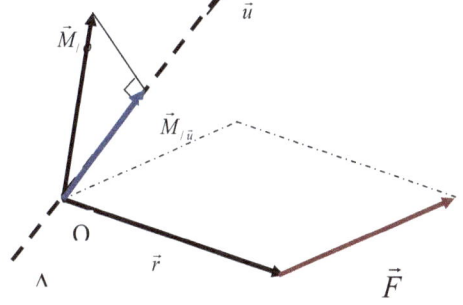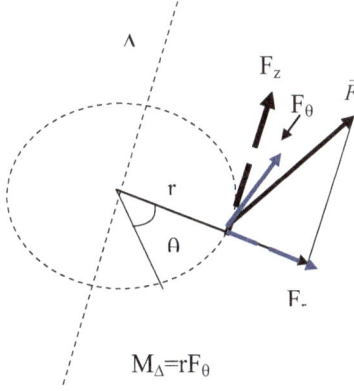

Figure 1.10 : Moment d'une force par rapport à un axe

$$\vec{M}_{/u} = \vec{M}_{/O}.\vec{u} = (\vec{r} \wedge \vec{F}).\vec{u} = [\vec{r}, \vec{F}, \vec{u}]$$

avec $\vec{u}$ vecteur unitaire de la droite Δ.

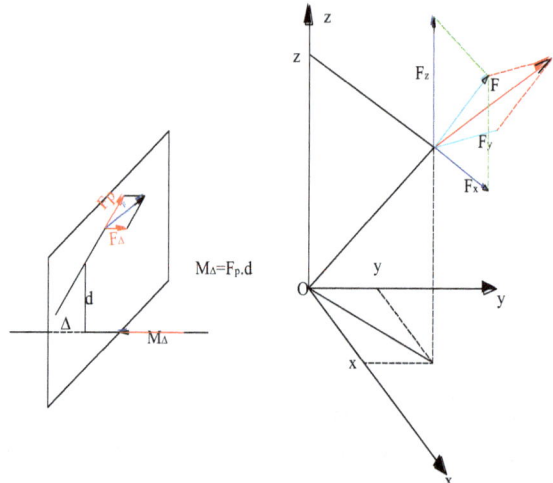

Figure 1.11 : Moment d'une force par rapport à un axe

1.5.4. Moment d'une force dans un plan

Une force $\vec{F}(F_x, F_y)$ n'a pas de moment par rapport aux axes x et y du plan (x,y). Elle provoque cependant un moment par rapport à l'axe z de composante

$$M_Z = xF_y - yF_x$$

Ce moment exprime la possibilité qu'a le plan (x,y) de tourner autour de l'axe z

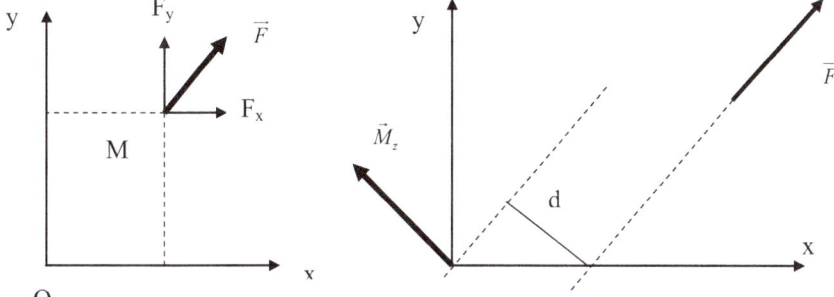

Figure 1.12. Moment d'une force dans un plan

1.5.5. Notion de couple

Un couple est un système de deux forces égales, parallèles, et de sens apposés qui a pour effet d'inciter un corps à tourner sur lui-même autour d'un axe. Le bras de levier du couple est la distance **d** entre leur support respectif.

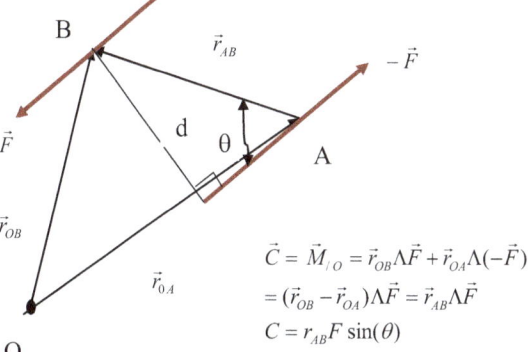

$$\vec{C} = \vec{M}_{/O} = \vec{r}_{OB} \wedge \vec{F} + \vec{r}_{OA} \wedge (-\vec{F})$$
$$= (\vec{r}_{OB} - \vec{r}_{OA}) \wedge \vec{F} = \vec{r}_{AB} \wedge \vec{F}$$
$$C = r_{AB} F \sin(\theta)$$

Figure 1.13 : Définition d'un couple de forces

Le vecteur $\vec{C}$:
- est indépendant du choix de O, c'est un vecteur dit libre, identique par rapport à tout point de l'espace.
- il agit perpendiculairement au plan du couple
- son intensité F.d

1.6. Système de forces et de moments

Un système de forces (ou de moments) est un ensemble de forces (ou de moments) agissant sur un $\vec{F}_2$ u un système de solides.

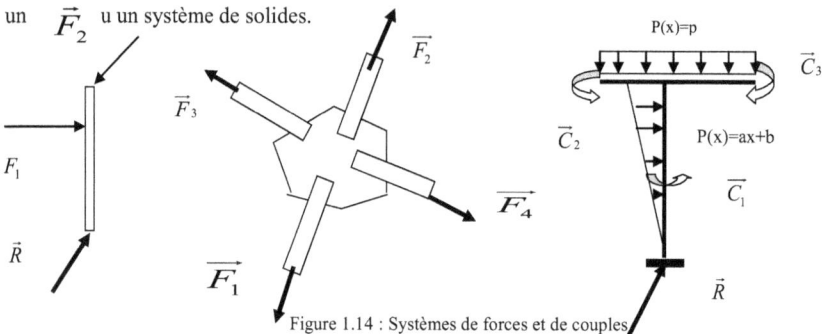

Figure 1.14 : Systèmes de forces et de couples

La résultante d'un système de forces est une force unique qui peut remplacer le système de forces initial sans changer son effet sur le solide. C'est la somme vectorielle de l'ensemble des forces qui constituent le système initial. On écrit :

$$\vec{R} = \sum_{i=1}^{k} \vec{F}_i$$

Exemples :

$$\vec{R} = \vec{F}_1 + \vec{F}_2$$

Figure 1.15 : Exemples de détermination de la résultante, ou de détermination d'un polygone de forces

$$\vec{F}_{14} = \vec{F}_1 + \vec{F}_4$$

$$\vec{F}_{142} = \vec{F}_1 + \vec{F}_4 + \vec{F}_2$$

$$\vec{R} = \vec{F}_1 + \vec{F}_2 + \vec{F}_3 + \vec{F}_4$$

De même on appelle résultante d'un système de moments, un moment unique par lequel il faudrait remplacer le système de moments sans changer son effet sur le corps considéré. On écrit :

$$\vec{M} = \sum_{i=1}^{i=n} \vec{M}_i$$

1.7. Elément de réduction en un point

Une force $\vec{F}$ appliquée en un point A est équivalente à une force de même direction, sens et intensité appliquée en un autre point B quelconque, accompagnée du moment de cette force par rapport à ce point. Une force est modélisée par un vecteur et son point d'application. On peut alors représenter toute action mécanique par un couple de vecteur force et de moment en un point qui est alors appelé élément de réduction du torseur mécanique.

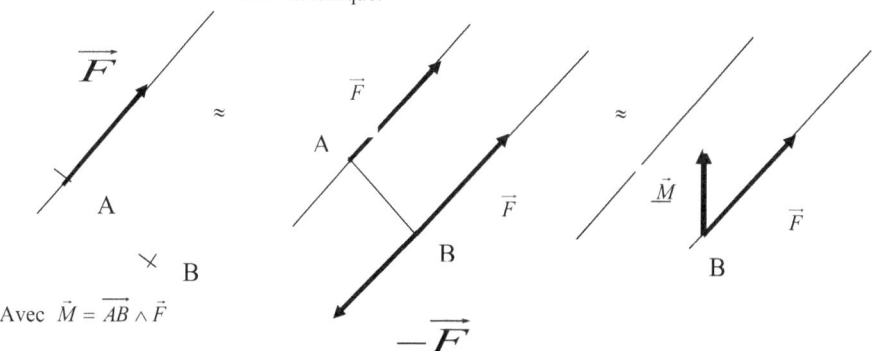

Avec $\vec{M} = \overrightarrow{AB} \wedge \vec{F}$

Figure 1.16. Elément de réduction d'une force en un point

Réciproquement une force et un moment appliqués en un même point, de supports perpendiculaires, peuvent se réduire à une force unique $\vec{F}$, déplacée parallèlement de $d = \dfrac{\|\vec{M}\|}{\|\vec{F}\|}$ dans le plan perpendiculaire à l'axe du moment et du côté convenable, tel que le sens du moment soit respecté.

Si nous considérons maintenant k forces concourantes, c'est-à-dire agissant au même point P, la réduction de ce système de forces en P, point de concours est la résultante $\vec{R}$ de toutes ces forces.

$$\vec{R} = \sum_{i=1}^{k} \vec{F}_i$$

Soit par projection :

$$R_x = \sum_{i=1}^{k} F_{xi}$$
$$R_y = \sum_{i=1}^{k} F_{yi}$$
$$R_z = \sum_{i=1}^{k} F_{zi}$$

De même la réduction de moment est donnée par :

$$\vec{M} = \sum_{i=1}^{i=k} \vec{M}_i$$

Soit par projection

$$M_x = \sum_{i=1}^{i=k} M_{xi}$$
$$M_y = \sum_{i=1}^{i=k} M_{yi}$$
$$M_z = \sum_{i=1}^{i=k} M_{zi}$$

Considérons maintenant un solide soumis à l'action d'un système de forces $\vec{F}_i$ et de moments $\vec{C}_j$. Soit O un point quelconque de l'espace. On peut remplacer en O chaque force $\vec{F}_i$ par $\vec{F}_i$ et son moment par rapport à O, $\vec{M}_j$ et transporter les moments $\vec{M}_j$ en O puisqu'ils sont constants en O. On appelle torseur de composantes ($\vec{R}$, $\vec{M}$) le couple défini tel que :

$$\begin{cases} \vec{R} = \sum_{i=1}^{i=N} \vec{F}_i \\ \vec{M} = \sum_{i=1}^{i=N} \vec{M}_i + \sum_{j=1}^{K} \vec{C}_j = \sum_{i=1}^{i=N} \overrightarrow{OA} \wedge \vec{F} + \sum_{j=1}^{j=K} C_j \end{cases}$$

Les $\vec{C}_J$ représente les moments appliqués et les $\vec{M}_i$ les moments induits par les forces appliquées, soit en projetant sur les axes de coordonnées :

$$\begin{cases} R_x = \sum_{i=1}^{k} F_{xi} \\ R_y = \sum_{i=1}^{k} F_{yi} \ (Translation) \\ R_z = \sum_{i=1}^{k} F_{zi} \end{cases}$$

$$\begin{cases} M_x = \sum_{i=1}^{i=N} M_{xi} + \sum_{j=1}^{K} C_{xj} \\ M_y = \sum_{i=1}^{i=N} M_{yi} + \sum_{j=1}^{j=K} C_{yj} \ (rotation) \\ M_z = \sum_{i=1}^{i=N} M_{zi} + \sum_{j=1}^{ij=K} C_{zj} \end{cases}$$

1.8. Formule de transport de moment

Lorsqu'on connaît le moment d'une force $\vec{F}$ en un point A, il est possible de le recalculer en n'importe quel point MP de l'espace. Ceci revient à poser une rallonge de bras de levier AM. On a alors la relation suivante :

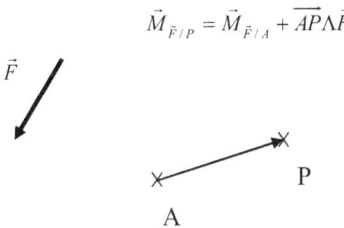

Figure 1.17 : transport du moment de A à P

1.9. Torseur associé à une action mécanique

Une action mécanique est complètement définie lorsque nous connaissons les deux vecteurs $\vec{F}$ et $\overrightarrow{M_A(\vec{F})}$. Nous allons donc regrouper ces deux vecteurs dans une entité mathématique appelée **Torseur**.

Le toseur associé à l'action mécanique exercée en un point A par un corps 2 sur un corps 1 sera noté :

$$\{\tau_{2\rightarrow 1}\} = \{\vec{R}, \vec{M}\} = \{(f_x, f_y, f_z), (M_x, M_y, M_z)\}$$

Remarques :
Le point A est quelconque, $\vec{R}$ et $\vec{M}$ sont appelés *éléments de réduction au point A* du torseur $\{\tau\}_{2\rightarrow 1}$.

Exercices

E.1.1 Donner analytiquement l'intensité, le sens et la direction de la résultante des forces dans les cas suivants :

a) BC=1.5m, CD=7m, DE=3m,
$\alpha=60°$, P=250kN, T=300kN.

E.1.1.a

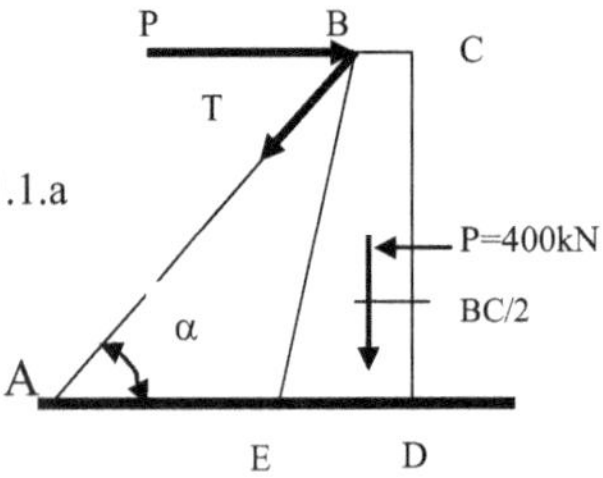

E.1.1.b

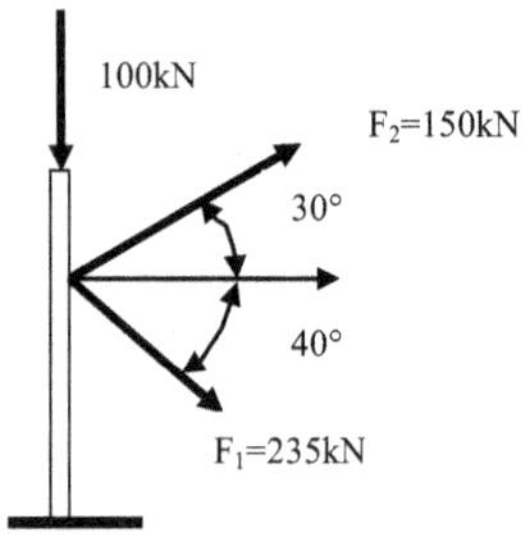

E1.1c

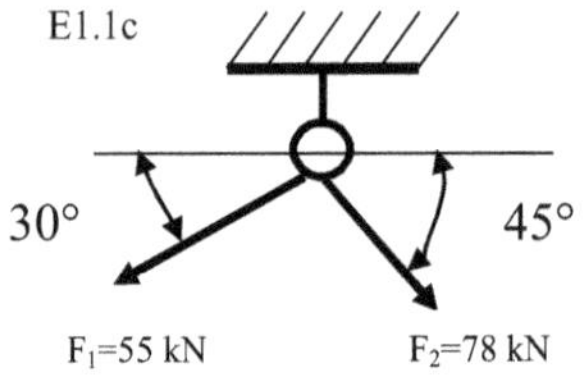

E.1.1d)

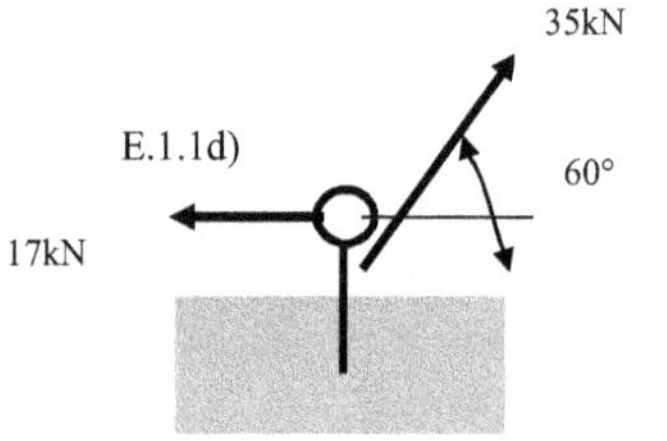

E.1.1.e)

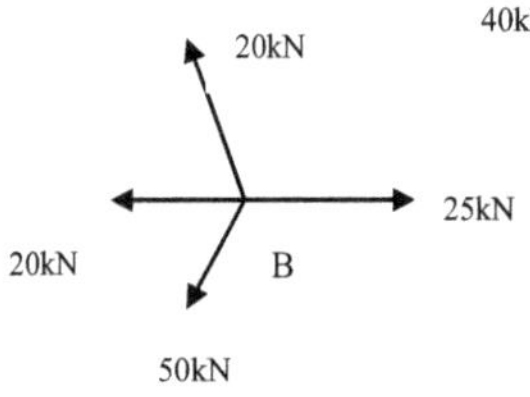

E.1.1.f)

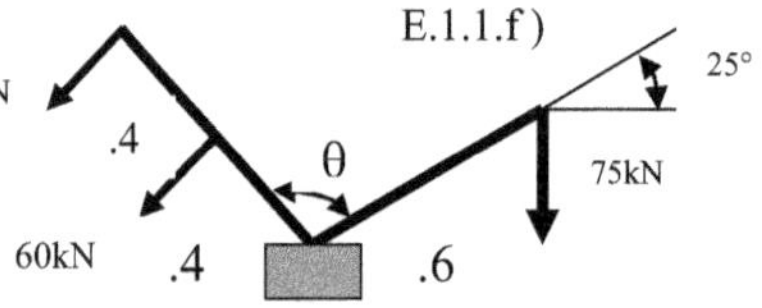

E.1.1.g)

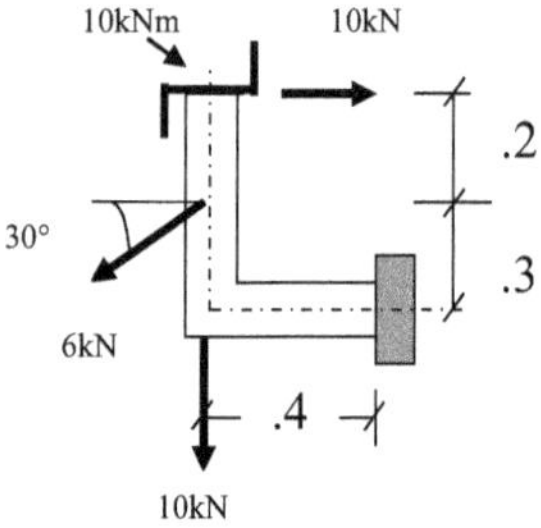

E.1.2 Une lampe de 400N est suspendue par deux fils en O. Trouver les forces qui s'exercent suivant les axes de ces fils. Déterminer en A, en B et en O le moment résultant de toutes les forces appliquées sur le système

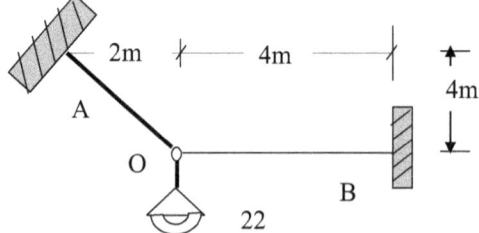

E.1.3 On agit sur le bras de levier AB avec une force F inclinée d'un angle α sur l'horizontale. Si F= 200N, calculer le moment produit en A lorsque la force F agit horizontalement. Comment orienter cette même force pour obtenir le plus grand moment M_{max} en A ? Que vaut ce moment ? Si F agit à α = 20^0 quelle doit être son intensité pour obtenir M_{max} en A ?

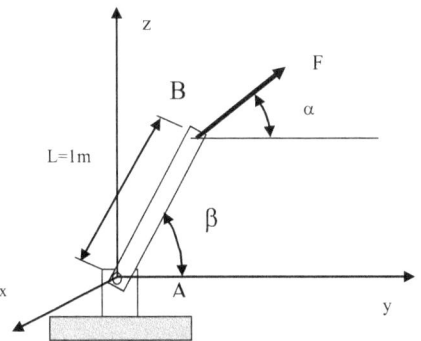

E.1.4 Une grue soulève une charge de manière légèrement oblique. Il s'exerce de ce fait une force F= 250 KN à l'extrémité B de la flèche. Trouver les composantes du moment que cette force exercice au pied A du mât.

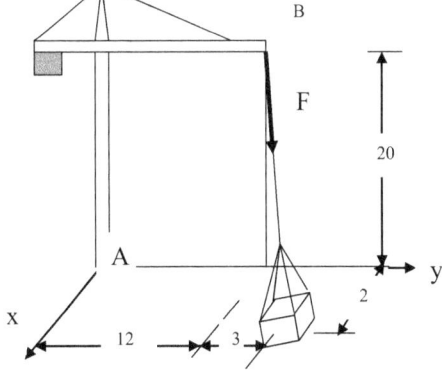

E.1.5 On donne sur les figures a, b et c la coupe d'un mur de soutènement en béton non armé (mur poids). Pour une tranche de mur de un mètre, trouver son poids et la position de la rés 3 ite des actions qui s'y exercent. Poids volumique du mur 25kN/m3, p=2kN/m2, H hauteur du mur b : 8m, h=H/3, Q=500kN/m

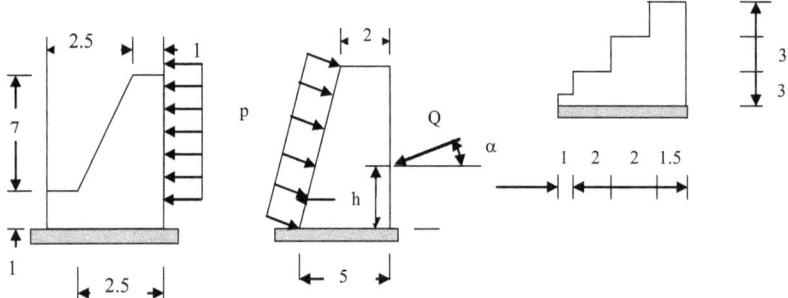

E.1.6 Un mur de soutènement supporte une dalle qui lui exerce une force verticale de 300kN en tête. L'action du sol sur la face latérale du mur est une force distribuée selon le schéma ci-dessous.
a) déterminer la force résultante de l'action du sol sur la paroi;
b) déterminer le point d'application cette résultante ;
c) donner l'intensité, la direction ainsi que le sens de la résultante générale des actions sur le mur ;
d) en déduire le torseur de ces actions à la base du mur.

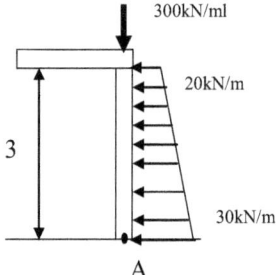

E.1.7 Une semelle de fondation reçoit d'un poteau une charge de 1200kN. Déterminer les intensités w1 et w2 de l'action du sol sur la fondation.

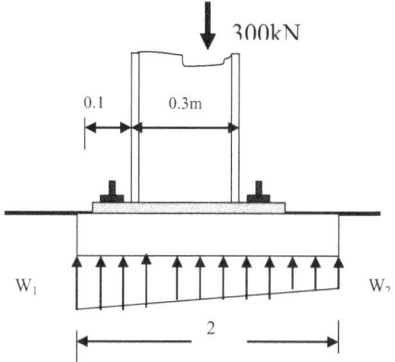

E.1.8 Une canalisation d'eau est disposée suivant la figure ci-dessous. Déterminer les réactions en A ainsi que les tensions dans les câbles BC et BD.

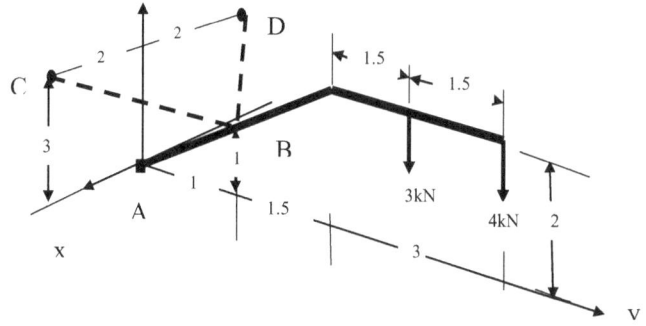

E.1.9 On considère la structure de la figure ci-dessous. Déterminer les éléments de réduction en D.

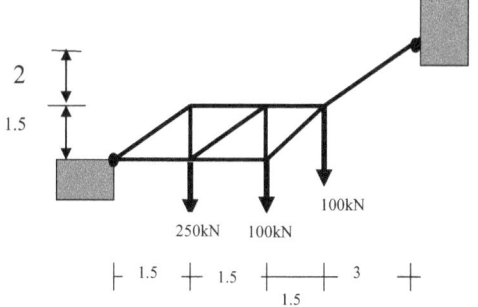

E.1.10 Le moment résultant des deux forces de la figure ci-dessous au point C est nul.

a) déterminer l'intensité de la force P, pour $\alpha=60°$;

b) déterminer l'intensité de la résultante ;

c) déterminer les coordonnées du point B du cercle par rapport auquel le moment des deux forces est maximal ;

donner les éléments de réduction au point B.

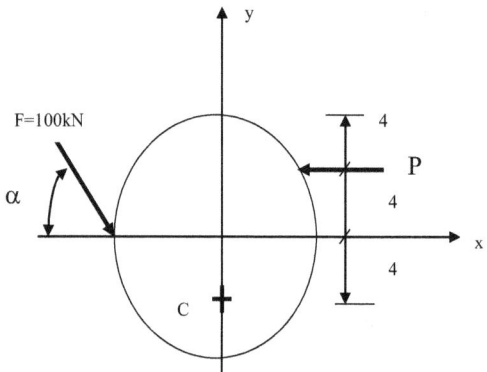

E.1.11 Un panneau de signalisation d'autoroute est soumis à, l'action du vent $q_r=1kN/m^2$, agissant dans le sens de l'axe y.

a) En négligeant le poids propre de la structure, calculer les éléments de réduction en A au pied du poteau.

b) On suppose le poids du panneau égal à P appliqué en son centre. Déterminer les éléments de réduction en A.

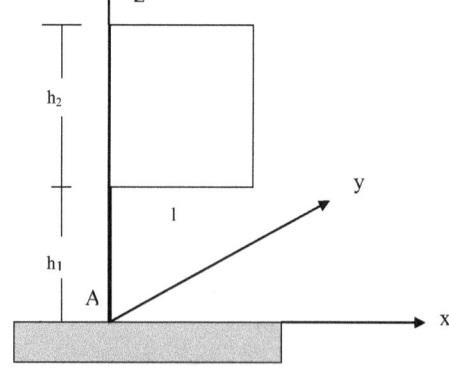

Chapitre 2. Principe fondamental de l'équilibre.

2.1. Equilibre d'un solide : théorème fondamental.

Pour qu'un solide ou un système de solides soit en équilibre il faut et il suffit que le torseur des actions extérieures qui lui sont appliquées soit équivalant à zéro, soit donc :

$$\vec{R} = \sum_{i=1}^{i=N} \vec{F_i} = 0$$

$$\vec{M} = \sum_{i=1}^{i=N} \vec{M_i} + \sum_{j=1}^{j=K} \vec{C_J} = \sum_{i=1}^{i=N} \overrightarrow{OA} \wedge Fi + \sum_{j=1}^{j=K} \vec{C_j} = 0$$

Ceci équivaut à :

$$\begin{cases} R_x = \sum_{i=1}^{k} F_{xi} = 0 \\ R_y = \sum_{i=1}^{k} F_{yi} = 0 \, (Translation) \\ R_z = \sum_{i=1}^{k} F_{zi} = 0 \end{cases}$$

$$\begin{cases} M_x = \sum_{i=1}^{i=N}(y_i F_{zi} - z F_{yi}) + \sum_{j=1}^{K} C_{xj} = 0 \\ M_y = \sum_{i=1}^{i=N}(z_i F_{xi} - x_i F_{zi}) + \sum_{j=1}^{j=K} C_{yj} = 0 \\ M_z = \sum_{i=1}^{ij=N}(x_i F_{yi} - y_i F_{xi}) + \sum_{j=1}^{ij=K} C_{zj} = 0 \end{cases}$$

Lorsque toutes les forces sont situées dans le même plan (forces coplanaires) ces équations dans le plan OXY donnent :

$$\begin{cases} R_x = \sum_{i=1}^{k} F_{xi} = 0 \\ R_y = \sum_{i=1}^{k} F_{yi} = 0 \end{cases}$$

$$M_z = \sum_{j=1}^{N}(x_i F y_i - y_i F x_i) + \sum_{j=1}^{K} C_{zj} = 0$$

2.2. Principe des actions mutuelles (3ème loi de Newton)

Un solide A qui exerce sur un solide B une action $\vec{F}_{A/B}$, reçoit de celui-ci une réaction qui a même support et grandeur que $\vec{F}_{A/B}$, mais de sens opposé $\vec{F}_{B/A}$. La première est l'action et la seconde la réaction. Les deux forces, (action et réaction) sont de ce fait égales et directement opposées.

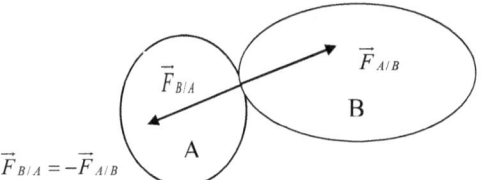

Figure 2.1 : Principe des actions mutuelles de Newton

2.3. Application de la troisième loi de Newton

2.3.1 Isolation d'un solide ou d'un système de solides

Soit le système ci-dessus défini, soumis aux actions extérieures $\vec{F}_1, \vec{F}_2, \vec{F}_3, \vec{F}_4$ (figure 2.2). Isoler A (B), c'est le détacher par la pensée de B (A) et remplacer B(A) par son effet sur A (B) d'après le principe des actions mutuelles.

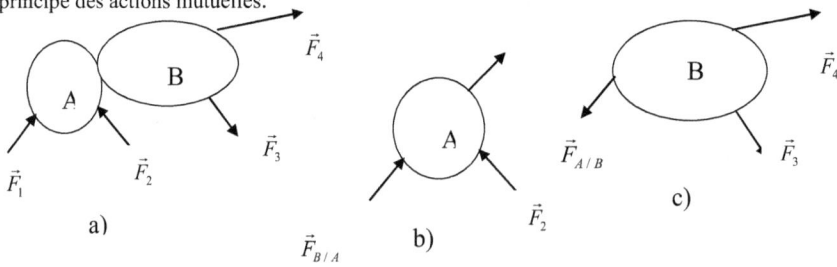

Figure 2.2 : principe d'isolation d'un solide, a) système initial, b) Solide A isolé, c) Solide B isolé

2.3.2. Forces intérieures à un solide ou à un système de solides

Dans le système constitué des solides A et B de la figure 2.1, les actions $\vec{F}_{A/B}$ et $\vec{F}_{B/A}$ sont des actions internes au système. Ils s'annulent mutuellement et n'interviennent pas dans l'équilibre externe global du système. De même si nous considérons tout solide comme constitué d'atomes, la cohésion globale du solide est la conséquence des microforces d'interactions entre les différents atomes constituant ce solide. Considérons à cet effet le solide (S) de la figure 2.3, soumis à un système de forces extérieures $\vec{F}_k$. Par la section Σ, séparons par la pensée S en S_1 et S_2, et isolons d'après le principe des actions mutuelles S_2. L'action de S_2 sur S_1 est la résultante des microforces $\vec{f}_i$.

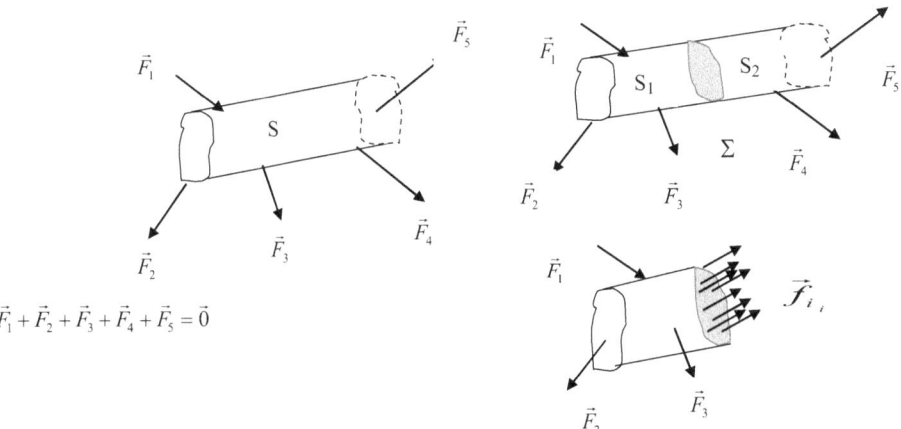

$$\vec{F}_1 + \vec{F}_2 + \vec{F}_3 + \vec{F}_4 + \vec{F}_5 = \vec{0}$$

Figure 2.3 : Forces intérieures

$\vec{f}_i$ est une force intérieure, résultant de la l'action locale de partie (2) sur la partie (1).

$$\vec{F}_1 + \vec{F}_2 + \vec{F}_3 + \sum_\Sigma \vec{f}_i = \vec{0}$$

La projection sur les axes de coordonnées donne :

$$F_{1x} + F_{2x} + F_{3x} + \Sigma f_{ix} = 0$$
$$F_{1y} + F_{2y} + F_{3y} + \Sigma f_{iy} = 0$$
$$F_{1z} + F_{2z} + F_{3z} + \Sigma f_{iz} = 0$$

2.4. Notion de contrainte

Considérons maintenant un point M de Σ. Soit dS une surface élémentaire sur Σ et $d\vec{f}$ la force de cohésion associée à cette surface. On appelle contrainte le vecteur associé à dS et noté :

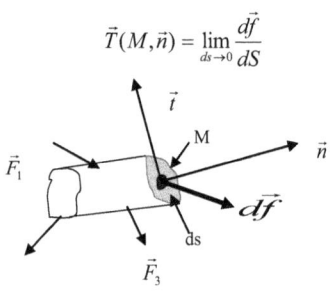

$$\vec{T}(M,\vec{n}) = \lim_{ds \to 0} \frac{d\vec{f}}{dS}$$

Figure 2.4 : Définition de la contrainte en un point

On voit que la contrainte dépend non seulement du point, mais également de l'orientation de la surface Σ. On appelle contrainte normale, la projection du vecteur contrainte sur la normale $\vec{n}$ à la surface dS et contrainte tangentielle, sa projection sur la tangente $\vec{t}$ à cette surface et on note :

$$\sigma_{\vec{n}} = \vec{T}(M,\vec{n}).\vec{n}$$
$$\sigma_t = \vec{T}(M,\vec{n}).\vec{t}$$

Dans le repère (M, $\vec{n}$, $\vec{t}$) on peut donc écrire :

$$\vec{T}(M,\vec{n}) = \sigma_{\vec{n}}\vec{n} + \sigma_t\vec{t}$$

Si nous isolons un élément de volume dxdydz autour du point M de S_1, la figure 2.6 donne l'état de contrainte en ce point.

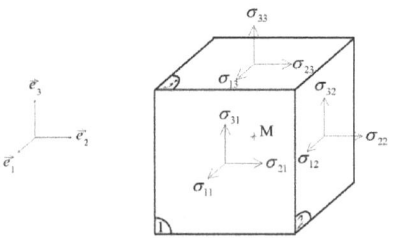

Figure 2.6 : Distribution des contraintes autour d'un point

2.5. Eléments de réduction dans une section

Considérons dans un repère $(O, \vec{e}_1, \vec{e}_2, \vec{e}_3)$, une poutre OB, de section S, de centre de gravité G, et soumise à un système de forces $\vec{F}_i$ (i=1,P) et moments $\vec{m}_j$ (j=1, Q). Par une section fictive Σ, divisons la poutre en deux, (1), (i=1,k) , (j=1, l)et (2), (i=k+1,P), (j=l+1, Q) puis isolons (1) de (2).

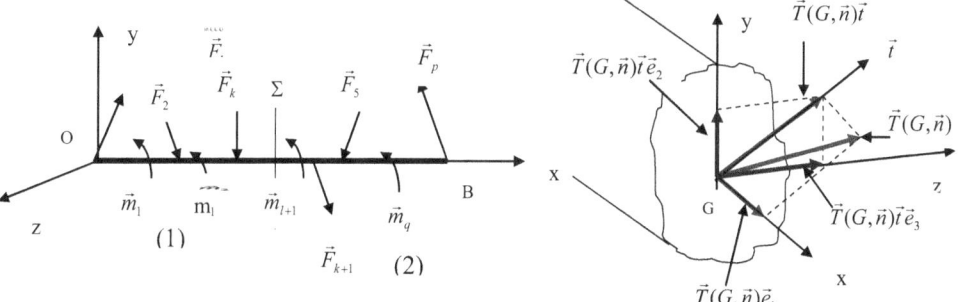

Figure 2.7 : Elément de réduction en un point d'une poutre

En projettent sur les différents axes de coordonnées, ces équations deviennent :

$$\sum_{i=1}^{i=k} \vec{F}_i + \int_\Sigma \vec{T}(M, \vec{n}) dS = \vec{0}$$

$$\sum_{i=1}^{i=k} \vec{M}_i + \sum_{j=1}^{j=l} \vec{m}_j + \int_\Sigma (\overrightarrow{GM} \wedge \vec{T}(G, \vec{n})) dS = \sum_{i=1}^{i=k} \overrightarrow{OA_i} \wedge \vec{F}i + \sum_{j=1}^{j=l} \vec{m}_j + \int_\Sigma (\overrightarrow{GM} \wedge \vec{T}(M, \vec{n})) dS = \vec{0}$$

2.6. Expression du torseur généralisé en G

$$\begin{cases} \sum_{i=1}^{i=K} F_{xi} + \int_\Sigma \vec{T}(M, \vec{n}) \vec{n} dS = 0 \\ \sum_{i=1}^{i=K} F_{yi} + \int \vec{T}(M, \vec{n}) \vec{t}_y dS = 0 \\ \sum_{i=1}^{i=K} F_{zi} + \int \vec{T}(M, \vec{n}) \vec{t}_z dS = 0 \end{cases}$$

$$\begin{cases} \sum_{i=1}^{i=k} (y_i F_{zi} - z F_{yi}) + \sum_{j=1}^{l} m_{xj} + M_x(x) = 0 \\ \sum_{i=1}^{i=k} (z_i F_{xi} - x_i F_{zi}) + \sum_{j=1}^{j=l} m_{yj} + M_y(x) = 0 \\ \sum_{i=1}^{i=k} (x_i F_{yi} - y_i F_{xi}) + \sum_{j=1}^{j=l} m_{zj} + M_z(x) = 0 \end{cases}$$

On pose :

$$N(x) = \int_\Sigma \vec{T}(M,\vec{n})\vec{e}_1 dS$$

$$\vec{T}(x) = \int_\Sigma \vec{T}(M,\vec{n})\vec{t} dS = \begin{cases} T_y(x) = \vec{T}(G,\vec{n})\vec{e}_2 \\ T_z(x) = \vec{T}(G,\vec{n})\vec{e}_3 \end{cases}$$

$$\vec{M}(x) = \int_\Sigma \overrightarrow{GM} \wedge \vec{T}(M,\vec{n}) dS = \begin{cases} \vec{M}_x(x) = \int_\Sigma \overrightarrow{GM} \wedge \vec{T}(G,\vec{n})\vec{e}_1 dS \\ \vec{M}_y(x) = \int_\Sigma \overrightarrow{GM} \wedge \vec{T}(G,\vec{n})\vec{e}_2 dS \\ \vec{M}_z(x) = \int_\Sigma \overrightarrow{GM} \wedge \vec{T}(G,\vec{n})\vec{e}_3 dS \end{cases}$$

On nomme :

En trois D

- Effort normal

$$N(x) = \int_\Sigma \vec{T}(G,\vec{n})\vec{e}_1 dS$$

- Efforts tranchants

$$T_y(x) = \int_\Sigma \vec{T}(G,\vec{n})\vec{e}_2 dS = \int_\Sigma \sigma_{xy} dS$$
$$T_z(x) = \int_\Sigma \vec{T}(G,\vec{n})\vec{e}_3 dS = \int_\Sigma \sigma_{xz} dS$$

- Moments fléchissants

$$M_y(x) = \int_\Sigma \overrightarrow{GM} \wedge \vec{T}(G,\vec{n})\vec{e}_2 = \int_\Sigma \sigma_x z\, dS$$
$$M_z(x) = \int_\Sigma \overrightarrow{GM} \wedge \vec{T}(G,\vec{n})\vec{e}_3 = \int_\Sigma \sigma_x y\, dS$$

- Moment de torsion

$$M_x(x) = \int_\Sigma \overrightarrow{GM} \wedge \vec{T}(G,\vec{n})\vec{e}_1 = \int_\Sigma (\sigma_{xz} y - \sigma_{xy} z) dS$$

Le torseur généralisé en G s'écrit à cet effet :

$$\tau_G \begin{cases} N & M_x \\ T_y & M_y \\ T_z & M_z \end{cases}$$

En deux D

- Effort normal

$$N(x) = \int_\Sigma \vec{T}(G,\vec{n})\vec{e}_1 dS = \int_\Sigma \sigma_x dS$$

- Efforts tranchants

$$T_y(x) = \int_\Sigma \vec{T}(G,\vec{n})\vec{e}_2 dS = \int_\Sigma \sigma_{xy} dS$$

- Moments fléchissants

$$M_z(x) = \int_\Sigma \overrightarrow{GM} \wedge \vec{T}(G,\vec{n})\vec{e}_3 = \int_\Sigma \sigma_x y dS$$

Le torseur généralisé en G s'écrit à cet effet :

$$\tau_G \begin{Bmatrix} N & 0_x \\ T_y & 0 \\ 0 & M_z \end{Bmatrix}$$

2.7. Relations entre M et T

L'équilibre du tronçon de longueur dx donne :

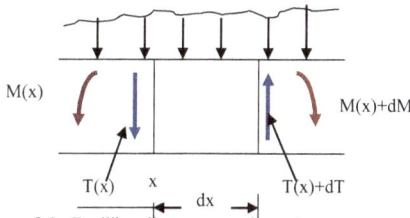

$$- T(x) - q(x)dx + T(x) + dT(x) = 0$$
$$\frac{dT(x)}{dx} = q(x)$$

Figure 2.8 : Equilibre d'une portion de poutre

$$M(x) - T(x)dx - q(x)dx\frac{dx}{2} - M(x) - dM(x) = 0$$
$$\frac{dM(x)}{dx} = -T(x)$$
$$\frac{d^2M}{dx^2} = -q(x)$$

Recapitulatif

N(x)	Ty(x)	Tz(x)	Mx(x)	My(x)	Mz(x)	Sollicitation
≠0	0	0	0	0	0	Traction ou compression simple
0	0	0	0	0	≠0	Flexion pure
0	≠0	0	0	0	≠0	Flexion simple
0	≠0	≠0	0	≠0	≠0	Flexion oblique ou flexion déviée
≠0	≠0	0	0	0	≠0	Flexion composée
0	0	0	≠0	0	0	Torsion

2.9. Exemples

Exemple1
Donner les expressions des contraintes généralisées (M, N, T) pour la structure ci-dessous.

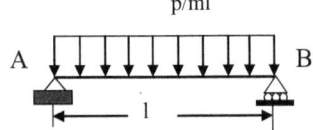

a) On détermine d'abord les réactions aux appuis qui sont les inconnues du problème.

$R_{Ax} + 0 = 0 \Rightarrow R_{Ax} = 0$

$R_{Ay} + R_B = pl$

$R_B - \dfrac{pl^2}{2} = 0 \Rightarrow R_{Ay} = R_B = \dfrac{pl}{2}$

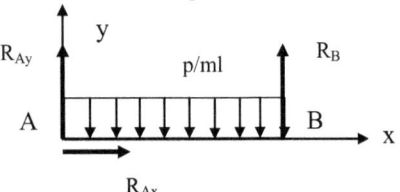

b) Trouvons les expressions des contraintes généralisées

Les équations d'équilibre s'écrivent :

$N(x) + 0 = 0 \Rightarrow \quad N(x) = 0$

$T(x) + R_{Ay} - px = 0 \Rightarrow \quad T(x) = -R_{Ay} + px = p(-\dfrac{l}{2} + x)$

$M(x) + p\dfrac{x^2}{2} - R_{Ay}x = 0 \Rightarrow M(x) = R_{Ay}x - p\dfrac{x^2}{2}$

$\quad = p(\dfrac{lx}{2} - \dfrac{x^2}{2})$

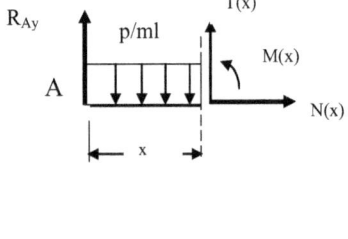

M(x) représente l'équation d'une parabole et son extremum correspond au point où T(x)=0.

Nous notons bien que :

$$\boxed{\frac{dT}{dx} = p \qquad \frac{dM}{dx} = -T(x) \qquad \frac{d^2 M}{dx^2} = -p}$$

c) représentation graphique

Diagramme de l'effort normal

Diagramme de l'effort tranchant

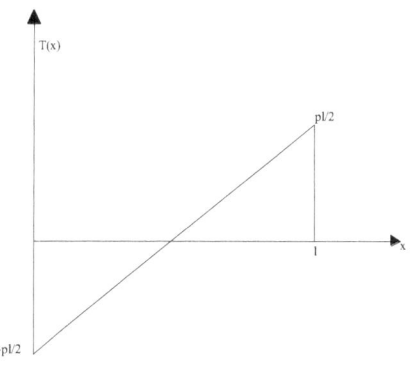

Diagramme des moments fléchissants

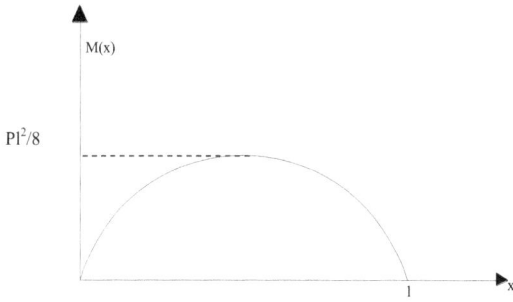

Exemple 2

Pour le portique ci-contre tracer les diagrammes des moments fléchissants et de l'effort normal et des efforts tranchants.

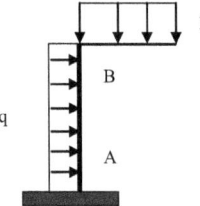

1) Détermination des réactions à l'appui A

$H + qh = 0 \Rightarrow H = -qh$

$V - pl = 0 \Rightarrow V = pl$

$M_A - \dfrac{qh^2}{2} - \dfrac{pl^2}{2} = 0 \Rightarrow M_A = \dfrac{1}{2}(qh^2 + pl^2)$

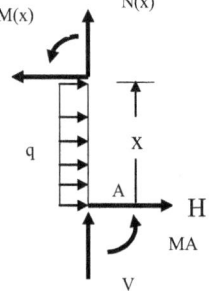

2) Expression des contraintes généralisées

Section 1 entre A et B

$N(x) + V = 0 \Rightarrow N(x) = -V$

$T(x) - qx - H = 0 \Rightarrow T(x) = H + qx = -qh + qx = q(-h + x)$

$M(x) + M_A + \dfrac{qx^2}{2} + Hx = 0 \Rightarrow M(x) = -\dfrac{qx^2}{2} + qhx - \dfrac{1}{2}(qh^2 + pl^2)$

Section 2 entre B et C

$N(x) + H + qh = 0 \Rightarrow N(x) = -H - qh$

$T(x) + V - px = 0 \Rightarrow T(x) = -V + px$

$M(x) + M_A - Vx + Hh + q\dfrac{h^2}{2} + p\dfrac{x^2}{2} = 0$

$\Rightarrow M(x) = -M_A + Vx - Hh - q\dfrac{h2}{2} - p\dfrac{x2}{2}$

Soit :

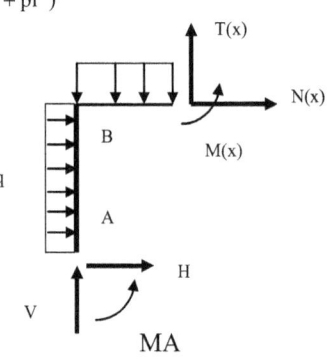

$N(x) = -H - qh = 0$

$T(x) = V + px = pl - px$

$M(x) = -M_A + Vx - Hh - \dfrac{qh^2}{2} - \dfrac{px^2}{2}$

$= -\dfrac{1}{2}(qh^2 + pl^2) + plx - +qh^2 - \dfrac{qh^2}{2} - \dfrac{px^2}{2}$

$= -\dfrac{pl^2}{2} + plx - \dfrac{px^2}{2}$

3) Diagramme

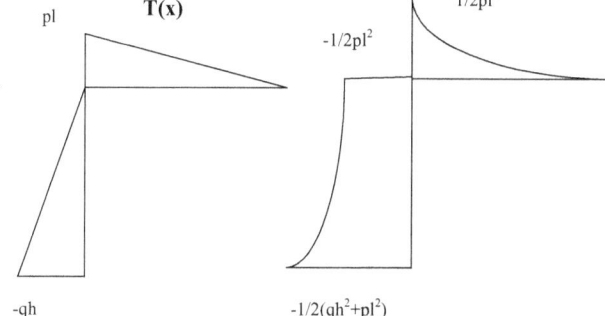

Exercices

E.2.1 Déterminer analytiquement l'amplitude des forces inconnues agissant sur les goussets ci-dessous pour que ceux-ci soient en équilibre.

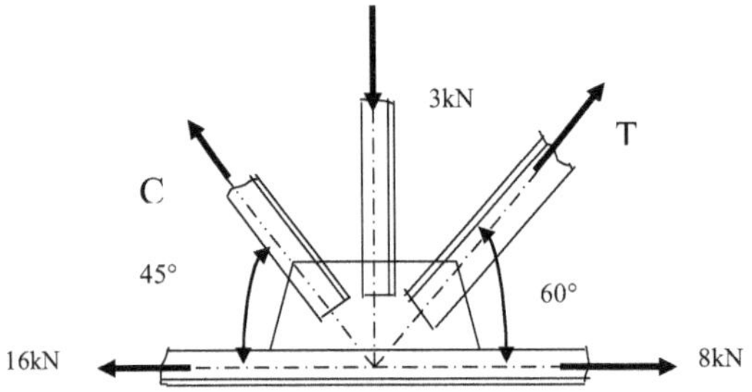

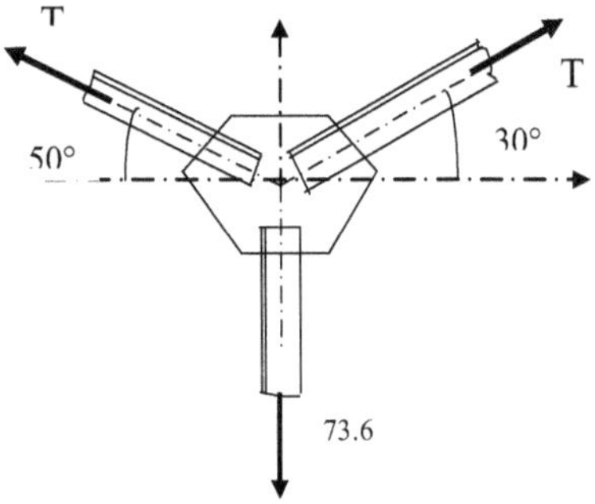

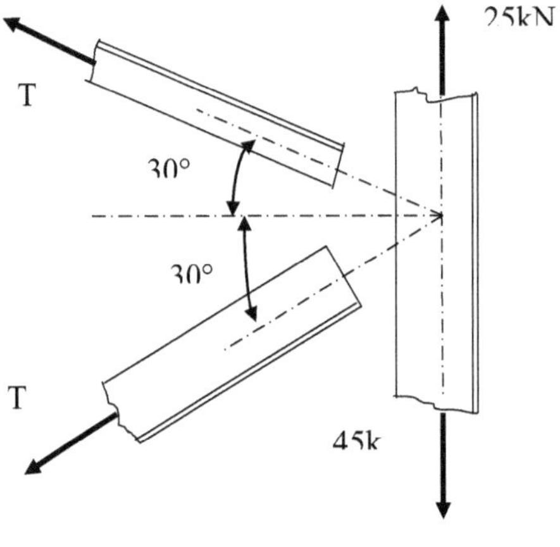

E.2.2 On donne, N_A, V_A et M_A, les éléments de réduction en A. Déterminer ces éléments, puis donner les expressions et tracer les diagrammes N, Ty et Mz de la structure ci-dessous.

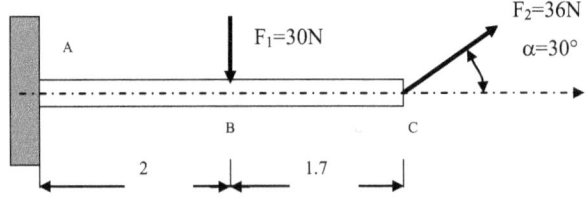

E.2.3 Déterminer les éléments de réduction au point A du système tridimensionnel de forces sur la console ABCD. Donner les expressions de N, T_y, T_z, M_x, M_z et M_z et tracer les diagrammes correspondant entre A et B, B et C puis C et D. On précise que les forces p1 et F2, p2, F1 appartiennent respectivement aux plans : (x,y), (y,z) et (x,z).

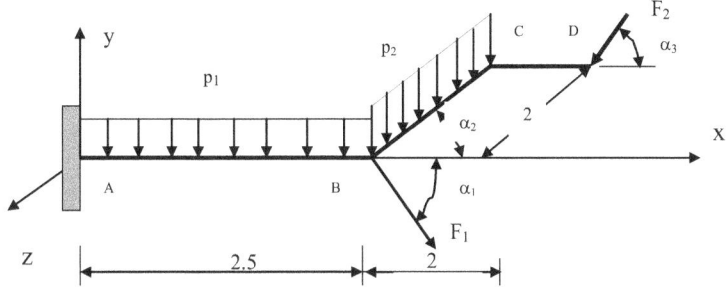

p_1=1.5kN/ml, p_2=2.5kN/m, α_1=60°, α_2=60°, α_3=45°, F_1=35kN, F_2=50kN

E.2.4 En appelant respectivement, H_A, V_A, H_C et V_C les réactions en A et C,

a) écrire les équations d'équilibre ;

b) déterminer ces réactions aux appuis A et C ;

c) tracer les diagrammes des moments fléchissants, de effort normal et l'effort tranchant sur la structure ci-dessous.

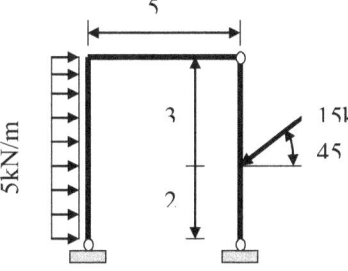

E.3.5 Une personne de poids P se tient au point B de la passerelle. Remplacer cette personne par deux forces placées respectivement en A et en C de manière à ce que l'effet extérieur sur la passerelle soit le même.

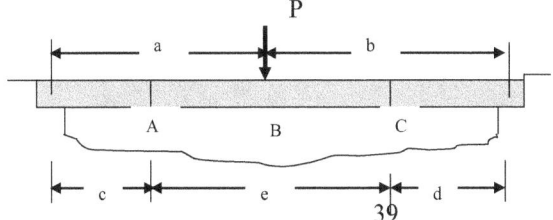

E.3.6 La force exercée par le verin AB pour maintenir la porte fermée est de 100N. Déterminer le moment de cette force par rapport au point O. Quelle force Fc faut-il appliquer en c pour que leur effet combiné en O soit nul ?

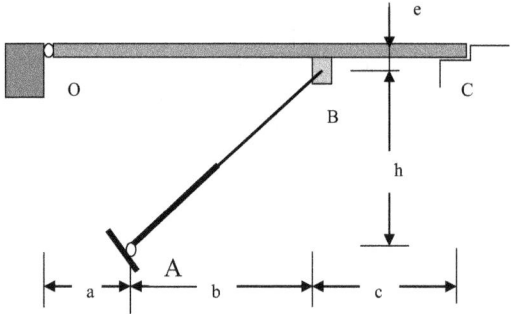

E.3.7. Sur la figure ci-dessous, la tige AB, de longueur L, supporte une force F variable. Donner l'expression du moment de la force F par rapport à un axe passant par le point O, en fonction de F, r, L et θ.

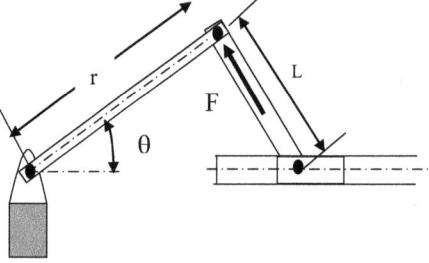

Chapitre 3 : Les liaisons

Introduction

Pour définir correctement les équations régissant l'équilibre d'un solide ou d'un système de solides, il faut faire un inventaire exhaustif des forces agissant sur lui. Si le solide est inclus dans un système de solides, on doit l'isoler. Isoler un solide ou une partie d'un solide consiste à supprimer tous les solides voisins avec qui il est en contact et à les remplacer, en vertu du principe des actions mutuelles, par des torseurs dont les effets garantissent l'équilibre de ce solide. L'inventaire des forces appliquées à un système en équilibre comprendra par conséquent :
- forces extérieures directement appliquées connues en général ;
- forces de volume, dues à l'accélération de la pesanteur g ou autres forces magnétiques ou électrostatiques ;
- forces de liaisons ou de contact généralement inconnues

3.1. Définitions

a) Les liaisons

Une liaison est l'élément de base de tout système mécanique. C'est un corps solide qui possède au moins deux nœuds, qui constituent le point d'attache à d'autres liaisons. Dans les constructions et particulièrement en génie civil les liaisons permettent de transférer les efforts d'une partie de la structure à une autre (poutres, dalles, poteaux…).

b) Les appuis

Les appuis constituent des obstacles, empêchant ou limitant la liberté de mouvement des liaisons en ces points.

c) Le degré de liberté

On appelle degré de liberté le nombre de possibilités de mouvement en un point d'un solide.

Il ressort de ces définitions qu'à tout mouvement empêché ou limité (ou degré de liberté supprimé) correspond un appui et une réaction d'appui. Il apparaît donc que une poutre de longueur L entre les points A et B possède 6 degré de liberté Ainsi donc en négligeant les frottements susceptibles d'exister:
- à tout mouvement de translation bloqué (u, v ou w) dans une direction correspond une force de liaison ou réaction d'appui (forces d'appui) ayant cette direction ;

- A tout mouvement de rotation bloqué autour d'un axe, ($\varphi_x,\varphi_y,\varphi_z$) correspond un moment(moment d'appui) porté par l'axe autour duquel le mouvement est bloqué.

Les paramètres caractérisant les déplacement ou rotation (degré de liberté) sont appelés grandeurs cinématiques et les forces et moment correspondant, les grandeurs statiques.

3.2 Etude des appuis

3.2.1. Appui simple ou appui à rouleau

L'appui simple ou à rouleau impose un seul blocage de translation, laissant libres les autres degrés de libertés, cet appui est identique à une composante de sens et d'intensité inconnu, mais de support connu, puisque le blocage définit la ligne d'action.

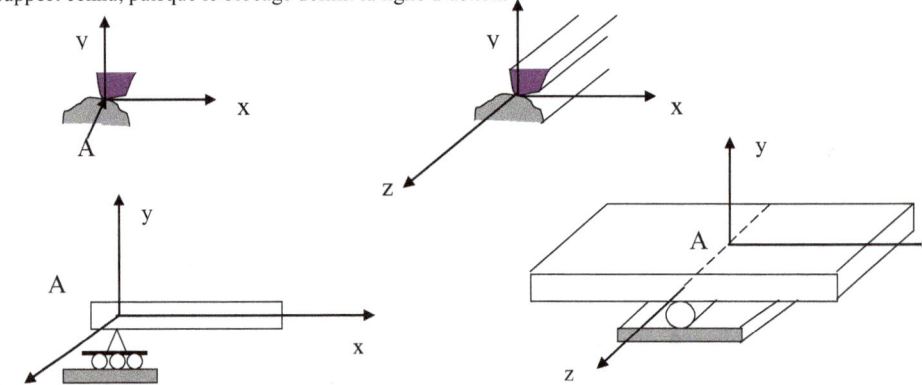

Figure 3.1 Schématisation dans le plan d'un appui simple

Le tableau ci-dessous donne les relations entre directions, grandeurs cinématiques et grandeurs statiques.

	Direction	Grandeurs cinématiques	Grandeurs statiques
Translation	x	$u \neq 0$	$X = 0$
	y	$v = 0$	$Y \neq 0$
	z	$w = 0$	$Z \neq 0$
Rotation	x	$\varphi_x = 0$	$M_x \neq 0$
	y	$\varphi_y = 0$	$M_y \neq 0$
	z	$\varphi_z = 0$	$M_z \neq 0$

Un contact entre les solides peut être soit unilatéral soit bilatéral. Un contact est dit unilatéral si le blocage en translation ne se fait que dans un seul sens (cas des figures précédentes). Il est dit bilatéral dans le cas contraire.

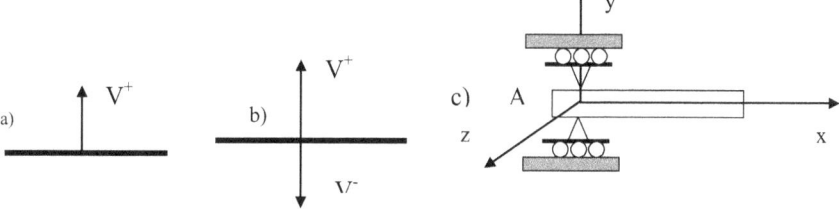

Figure 3.2 : Types de contacts entre solides
a) Contact unilatéral ; b) et c) Contact bilatéral

En d'autres termes, un contact est bilatéral lorsque $v^+ = v^- = 0$
Il est unilatéral lorsque $v^+ = 0$ et $v^- \neq 0$ ou $v^+ \neq 0$ et $v^- = 0$

La fonction des appuis à rouleau est de permettre la libre dilatation des ouvrages sous l'action des variations de température et des efforts appliqués.

3.2.2. Articulation cylindrique ou rotule

Cet appui s'oppose à toute translation du point d'appui, mais laisse au solide une libre rotation autour de ce pont. Il y a blocage en translation (trois si on est dans l'espace) qui font naître deux (trois dans l'espace) composantes d'une réaction passant à travers le point d'appui.

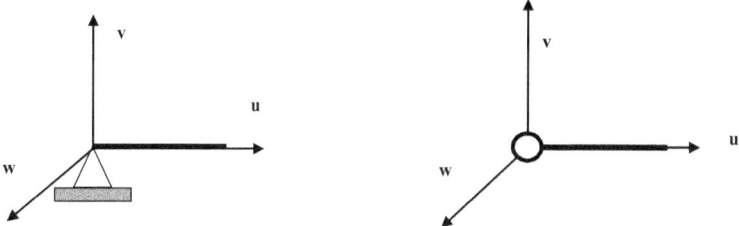

Figure 3.3 : Schématisation dans le plan d'une articulation

Le tableau ci-dessous donne dans ce cas les relations entre directions, grandeurs cinématiques et grandeurs statiques.

	Direction	Grandeurs cinématiques	Grandeurs statiques
Translation	x	u= 0	X ≠0
	y	V= 0	Y ≠0
	z	w= 0	Z≠ 0
Rotation	x	$\varphi_x \neq 0$	$M_x=0$
	y	$\varphi_y \neq 0$	$M_y=0$
	z	$\varphi_z \neq 0$	$M_z=0$

Exemple

Pour la structure de la figure 3.4, déterminer les réactions aux appuis

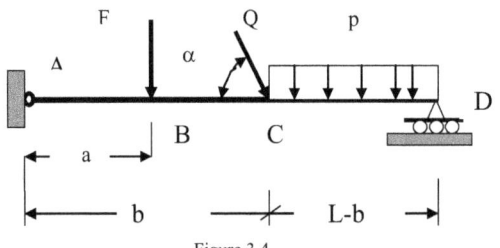

Figure 3.4

Solution

Isolons le système et associons lui un système d'axes orthonormé (Axy).

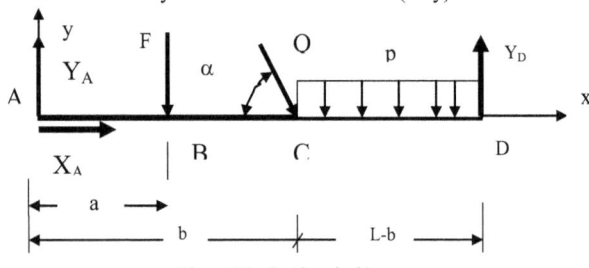

Figure 3.5 : Système isolé

Le système extérieur est remplacé par son action sur la structure étudiée.

Analyse des liaisons :

$U_A =0$ $X_A \neq 0$ $U_D \neq 0$ $X_D = 0$
$V_B = 0$ $Y_A \neq 0$ $V_D = 0$ $Y_D \neq 0$
$\varphi_A \neq 0$ $M_A=0$ $\varphi_D \neq 0$ $M_D=0$

Le problème a donc trois inconnues que l'on peut déterminer à partir des seules équations d'équilibre.

Equations d'équilibre

Projection des efforts par rapport aux axes :

Suivant x :

$X_A + Q_x = 0$ soit $X_A = -Q_x$ (1)

Suivant y

$$Y_A - F - Q_y + YD - \int_b^L pdx = 0$$

Ou encore

$$Y_A - F - Q_y + Y_D - p(L-b) = 0 \quad (2)$$

Moment par rapport à A.

$$-aF - bQ_y - \int_b^L pxdx + LY_D = 0$$

Soit

$$-aF - bQ_y - \frac{1}{2}p(L-b)^2 + LY_D = 0 \quad (3)$$

De cette dernière équation nous déduisons :

$$Y_D = \frac{1}{L}\left(aF + bQ_y + \frac{p}{2}(L-b)^2\right) \quad (4)$$

De (2) on déduit

$$Y_A = F + Q_y - Y_D + p(L-b)$$

Applications numériques

A=2m, b=3m, L=6m, p=5kN/ml, F=20kN, Q=30kN, α=45°.

$$Y_D = \frac{1}{L}\left(aF + bQ_y + \frac{p}{2}(L-b)^2\right)$$
$$= \frac{1}{6}\left(2x20 + 3x30\sin 45° + \frac{5}{2}(6-3)^2\right)$$
$$= 21 kN$$

$Y_A = F + Q_y - Y_D + p(L-b)$
$= 20 + 30\sin 45° - 21 + 5(6-3)$
$= 35,2 kN$

$X_A = -Qx$
$= -30\cos 45°$
$= -21,2 kN$

3.2.3. L'encastrement

Cette liaison réalise le blocage de tous les degrés de libertés d'un point de la construction tant en translation qu'en rotation elle impose donc trois réactions dans le plan et six dans l'espace.

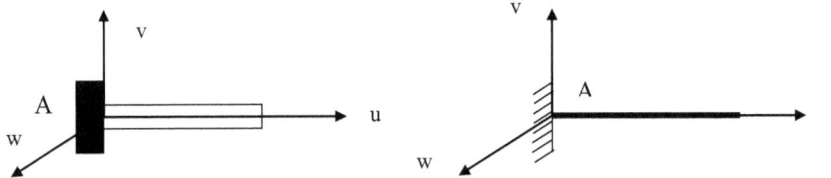

Figure 3.6 Schématisation dans le plan d'un encastrement

Le tableau ci-dessous donne dans ce cas les relations entre directions, grandeurs cinématiques et grandeurs statiques.

	Direction	Grandeurs cinématiques	Grandeurs statiques
Translation	x	$u = 0$	$X_A = 0$
	y	$v = 0$	$Y_A = 0$
	z	$w = 0$	$Z_A = 0$
Rotation	x	$\varphi_{xA} = 0$	M_{xA}
	y	$\varphi_{yA} = 0$	M_{yA}
	z	$\varphi_{zA} = 0$	M_{zA}

Exemple

Déterminer les réactions aux appuis pour la structure de la figure ci-dessous.

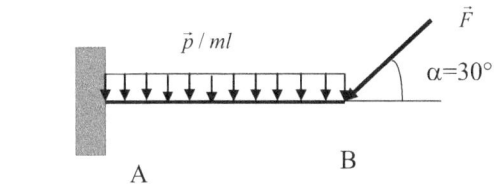

AB=L

Solution

Isolons le système

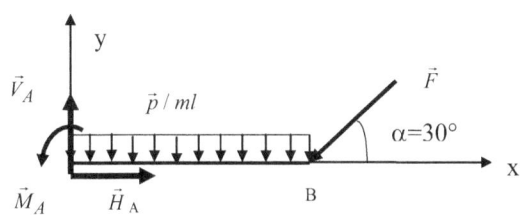

Equations d'équilibre projetées sur les axes

Axe x : $-F\cos(30°) + H_A = 0$ soit $H_A = F\cos(30°)$

Axe y : $-F\sin(30°) + V_A - \int_0^L p\,dx = 0$ soit $V_A = F\sin(30°) + pL$

Moment/A : $-FL\sin(30°) - \int_0^L px\,dx + M_A = 0$ soit $MA = FL\sin(30°) + p\dfrac{L^2}{2}$

Applications numériques

Avec F=50kN, p=6kN/m, L=3m on a : H_A=43.3 kN, V_A=43kN, M_A=102kNm.

$H_A = F\cos 30°$
$= 50x\cos 30°$
$= 43{,}3 kN$
$V_A = F\sin 30° + pL$
$= 50x\sin 30° + 6x3$
$= 43 kN$

$$M_A = FL\sin 30° + p\frac{L^2}{2}$$

$$= 50x3x\sin 30° + 6\frac{3^2}{2}$$

$$= 102 kNm$$

Résumé

	Appui simple			Articulation			Encastrement		
Grandeur cinématique	u ≠ 0	v = 0	θ ≠ 0	u = 0	v = 0	θ ≠ 0	u = 0	v = 0	θ = 0
Grandeur statique	X = 0	Y ≠ 0	M = 0	X ≠ 0	Y ≠ 0	M = 0	X ≠ 0	Y ≠ 0	M ≠ 0

Remarque

Ce que nous venons de dire n'est qu'une idéalisation de ce qui se passe dans la réalité qui est bien plus complexe. En effet, l'appui réel n'est jamais ponctuel, mais présente toujours des aspérités qui gênent les mouvements dans le cas d'un appui simple. L'ingénieur doit donc juger en fonction de la réalisation technique le type de schéma de liaison qu'il doit adopter.

3.3. Analyse des systèmes matériels

Les systèmes matériels sont composés de solides reliés entre eux et à des supports de références. Les liaisons peuvent être soit interne soit externe.

Soit un système (S) composé de n solides et de liaisons L_i externes ou internes. La valeur de L_i est égale au nombre d'inconnues qu'introduit cette liaison. L'écriture des équations d'équilibre de chaque solide élémentaire nécessite 6 équations d'équilibre dont :

- 3 équations de réaction   3 équations de moment   en 3D
- 2 équations de réaction   1 de moment   en 2D

Ce qui nous donne 6n (3n) équations pour les solides élémentaires. Si nous appelons $L = \sum L_i$ le nombre d'inconnus introduit par l'ensemble des liaisons on a :

3D
$$w = L - 6n = \sum L_i - 6n$$
2D
$$w = L - 3n = \sum L_i - 3n$$

Le paramètre w caractérise la nature du système matériel.

3.3.1. Le système est isostatique si W = 0

Dans ce cas toutes les actions introduites par les liaisons peuvent être calculées seulement à partir des équations d'équilibre. Le nombre d'équation d'équilibre étant égal au nombre d'inconnues.

$3D$
$$w = L - 6n = \sum L_i - 6n = 0$$
$2D$
$$w = L - 3n = \sum L_i - 3n = 0$$

On dit aussi d'une telle structure qu'elle est statiquement déterminée ou que la structure est isostatique dans ses appuis. Le nombre de blocages est alors égal au nombre d'équations.

Exemple

1)

A : appui simple, liaison extérieure =1
B : rotule, liaison extérieure=2
$$w = L - 3n = \sum L_i - 3n$$
$$= 1 + 2 - 3x1 = 0$$

2)

A : appui simple, liaison extérieure =1
B : rotule, liaison extérieure=2
C : encastrement, liaison interne=3.
$$w = L - 3n = \sum L_i - 3n$$
$$= 1 + 2 + 3 - 3x2 = 0$$

3)

A : appui simple, liaison extérieure =1
D : rotule, liaison extérieure=2
B, C : encastrement, liaison interne=3.
$$w = L - 3n = \sum L_i - 3n$$
$$= 1 + 2 + 3 + 3 - 3x3 = 0$$

Le système est isostatique.

3.3.2. Systèmes hyperstatiques

Dans ce cas le nombre d'inconnues est supérieur au nombre d'équation d'équilibre et les équations d'équilibre seules ne suffisent plus pour déterminer les réactions d'appui. On peut à partir de ces équations d'équilibre exprimer tout simplement les réactions surabondantes hyperstatiques en fonction des autres inconnues, c'est à dire un système de n équations à n + p inconnus où p est le nombre d'inconnues hyperstatiques. On a :

$$W > 0$$

On dit aussi que le système est statiquement indéterminé

Exemples

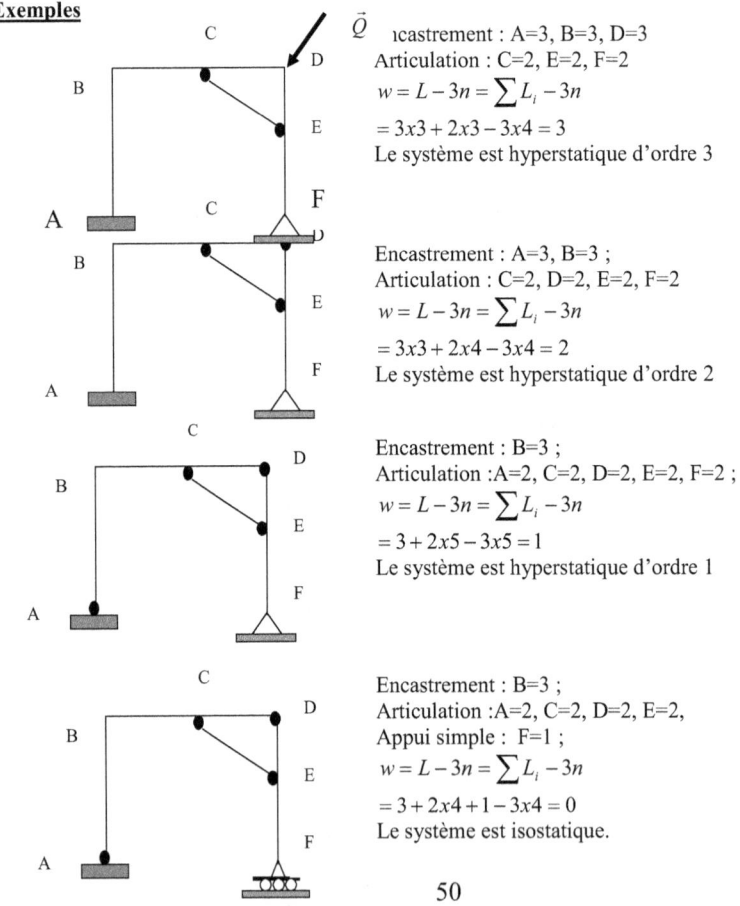

Encastrement : A=3, B=3, D=3
Articulation : C=2, E=2, F=2
$w = L - 3n = \sum L_i - 3n$
$= 3x3 + 2x3 - 3x4 = 3$
Le système est hyperstatique d'ordre 3

Encastrement : A=3, B=3 ;
Articulation : C=2, D=2, E=2, F=2
$w = L - 3n = \sum L_i - 3n$
$= 3x3 + 2x4 - 3x4 = 2$
Le système est hyperstatique d'ordre 2

Encastrement : B=3 ;
Articulation : A=2, C=2, D=2, E=2, F=2 ;
$w = L - 3n = \sum L_i - 3n$
$= 3 + 2x5 - 3x5 = 1$
Le système est hyperstatique d'ordre 1

Encastrement : B=3 ;
Articulation : A=2, C=2, D=2, E=2,
Appui simple : F=1 ;
$w = L - 3n = \sum L_i - 3n$
$= 3 + 2x4 + 1 - 3x4 = 0$
Le système est isostatique.

3.3.3 Mécanisme

L'étude des mécanismes requiert la connaissance d'un certain nombre de paramètres. Dans le cas d'un mécanisme le nombre d'équation d'équilibre est supérieur au nombre d'inconnus. On se retrouve donc avec un système de n+p équation à n inconnus. Le déterminant d'un tel système est nul et il admet de ce fait une infinité de solutions. Dans ce cas on a W<0.

Exemple

Dans le dernier exemple 3.3.2, introduisons une articulation en B et analysons les liaisons correspondantes.

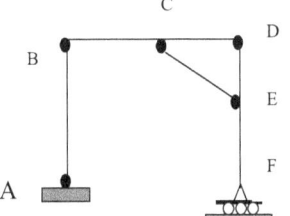

Encastrement : 0 ;
Articulation : A=2, B=2, C=2, D=2, E=2,
Appui simple : F=1 ;
$$w = L - 3n = \sum L_i - 3n$$
$$= 2 \times 5 + 1 - 3 \times 4 = -1$$
Le système constitue un mécanisme.

3.4. Equilibre limite des systèmes de solides

3.4.1. Mise en évidence

Une structure ou une partie d'une structure doit le plus souvent rester immobile malgré l'action des efforts qui lui sont appliqués jusqu'à ce que certaines valeurs de ces efforts soient atteintes. Lorsque la valeur limite de ces actions est dépassée, la structure peut se mettre en mouvement. Le dernier état stable qui précède le mouvement s'appelle état d'équilibre limite.

Exemple

Soit la chaise de la figure 2.12 a. En appliquant la force F, elle reste en équilibre jusqu'à une certaine limite où la chaise commence à se déplacer. Ce mouvement peut être soit une translation soit une rotation.

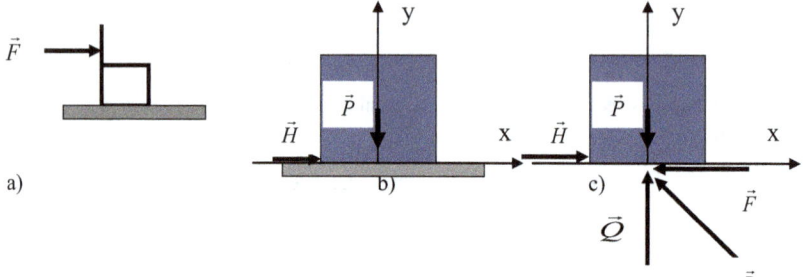

Figure 3.7 Mobilisation des forces de frottement entre solides en contact

Sur la figure 3.7.b, le bloc de béton de poids P est soumis à l'action d'une force horizontale H. Mais du fait de l'existence de frottement entre le bloc et son support, le solide ne peut se déplacer spontanément. L'étude de l'équilibre du bloc, montre l'existence d'une réaction du support dont la composante horizontale a tendance à s'opposer au mouvement. On a donc en projetant sur les différents axes :

$$\begin{array}{c} H - F = 0 \\ Q - P = 0 \end{array} \text{ soit } \begin{array}{c} H = F \\ Q = P \end{array}$$

3.4.2. Notion de frottement

Le frottement est la résistante qui s'oppose au déplacement relatif de deux solides en contact. Dans le cas idéal de surface parfaitement lisse, (cas qui n'existe pas en réalité) cette résistance est nulle. Les lubrifiants ont pour rôle de limiter les frottements entre les surfaces en contact et susceptibles d'avoir entre eux un mouvement relatif. Le frottement dépend de l'état des surfaces en contact, des lubrifiants éventuels et de la température des solides en contact.

La force **F** ci-dessous est une force de frottement. Elle s'oppose au mouvement du solide (S) et a le sens contraire à celui du mouvement considéré, c'est à dire de la force motrice. Tant que la force motrice H est inférieure à une certaine valeur limite H_{lim}, le solide est en équilibre et ne peut se déplacer. La valeur H_{lim} correspond à l'équilibre limite du solide. Lorsque $H = H_{lim}$, le solide est encore juste en équilibre prêt à se mettre en mouvement. A cet instant $F_{lim} = H_{lim}$, l'angle ψ entre Q et F est alors appelé angle de frottement. On a donc :

$$H = H_{lim} = F_{lim} = Ptg\varphi = P\mu$$

μ est le coefficient de frottement et la relation

$$F = Ptg\varphi = \mu P$$

Représente la loi de Coulomb.

Jusqu'à l'équilibre limite, le solide est immobile; *le frottement est dit statique et $\mu = \mu_s$*. Lorsque H dépasse la valeur H_{lim} le solide glisse, *le frottement est cinétique et $\mu = \mu_c$*. L'expérience montre que $\mu_c < \mu_s$. C'est pourquoi dès que le mouvement commence, l'effort nécessaire pour poursuivre le mouvement est plus faible que celui nécessaire pour l'amorcer comme l'indique la figure 3.8.

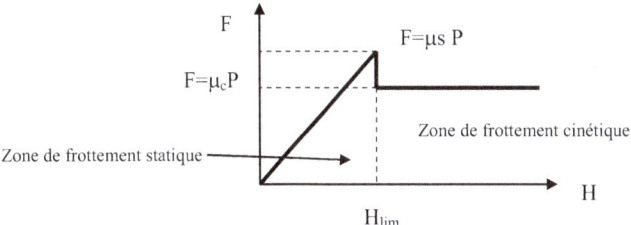

Figure 3.8 : Mobilisation de divers types de frottement entre solides

L'angle entre la résultante $\vec{R}$ et la résistance au frottement $\vec{F}$ définit un triangle de frottement en plan ou un cône lorsqu'on est en dimension 3. L'équilibre du solide n'est stable que si la résultante $\vec{R} = \vec{F} + \vec{Q}$ est à l'intérieur de l'angle ou du cône de frottement.

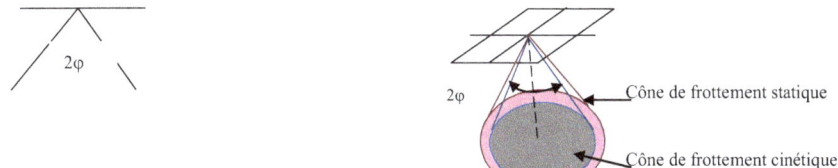

Figure 3.17 : Angle et cône de frottement pour un contact entre deux solides
a) problème plan ; b) problème 3D

Valeurs des coefficients de frottement pour quelques matériaux usuels

Matériaux	Coefficient de frottement
Métal sur métal	0,3
Pierre sur pierre	0,5
Bois sur bois	0,04
Acier sur téflon	0,03
Métal sur pierre	0,5
Métal sur bois	0,4
Pierre sur terre	0,6

3.4.3. Quelques applications

3.4.3.1 Equilibre statique globale d'un solide ou d'un système de solides

Exemple 1

Etude de l'équilibre d'un mur en maçonnerie de hauteur 3 mètres et d'épaisseur 40. On travaille sur un mètre de longueur de mur. Le frottement sol béton est de µ=0.5. L'effet latéral du vent se traduit par une charge uniformément répartie p=0.8kN/m². Le poids volumique du béton est de 25kN/m³.

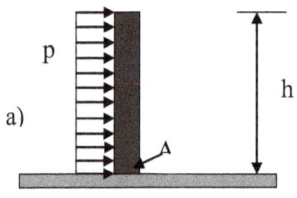
a)

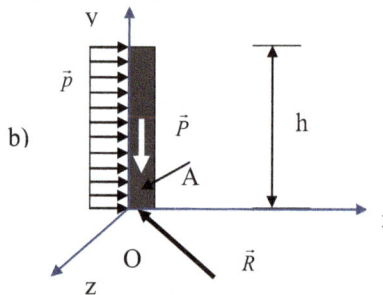
b)

Travail à faire :
- Etudier la stabilité du mur vis-à-vis du renversement par rapport à A et du glissement de la base du mur.
- Déterminer pour chaque cas le coefficient de sécurité

Solution

En isolant le mur et en lui associant un système d'axe Oxyz, nous avons le schéma de la figure 2.14. Les forces et moments agissant sur le mur sont les suivantes :

La résultante des forces horizontales dues au vent est

$$H = \int_0^h p dy = ph = 0.8 * 3 = 2.4 kN$$

La résultante des forces verticales dues au poids du mur :

$$V = \int_0^h \gamma dv = \int_0^h \gamma b dy = [\gamma b y]_0^h = \gamma b h = 25 * 0.4 * 3 = 30 kN$$

La force de frottement au pied du mur est de :

$H_f = \mu V = 0.4 * 30 = 12 kN$

Le moment stabilisateur est :

$$M_{st} = \int_0^3 (\gamma dv)\frac{b}{2} = \int_0^3 \frac{b}{2}\gamma b dy = \left[\gamma \frac{b^2}{2} h\right]_0^3 = 25 * \frac{0.4^2}{2} * 3 = 6kNm$$

Moment de renversement :

$$Mr = \int_0^3 pydy = \frac{ph^2}{2} = 0.8\frac{3^2}{2} = 3.6kNm$$

Stabilité vis à vis du renversement

Sous l'effet des forces horizontales dues au vent et des forces de frottement à la base ainsi que du poids propre du mur le renversement du mur peut se produire si la somme des moments moteurs est supérieure à la résultante des moments stabilisateurs. Le moment résistant est celui qui a tendance à stabiliser le mur alors que le moment moteur est celui qui a tendance à le renverser :

Coefficient de sécurité vis à vis du renversement :

$$k_r = \frac{M_{st}}{M_r} = \frac{6}{3.6} = 1.66$$

Stabilité vis à vis du glissement de la base

Coefficient de sécurité vis à vis du glissement de la base :

$$k_g = \frac{H_f}{H} = \frac{12}{2.4} = 5$$

Exemple 2

Equilibre d'une barre indéformable appuyée sur deux parois

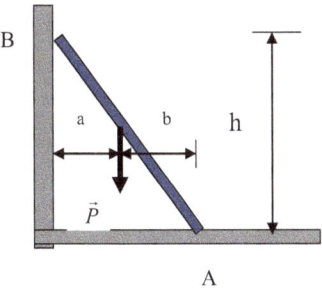

Hypothèse 1 : contact parfait sans frottement en A et B

S'il n'y a pas frottement aux deux appuis nous avons un contact lisse. Dans ce cas les réactions des barres sont normales aux surfaces de contact. Les droites d'action des forces en A et B se rencontrent en un point I. Pour que le solide, sous l'action de trois forces, soit en équilibre, il faut que les trois forces soient concourantes. Ce qui est impossible ici puisque la droite d'action de P ne peut passer I. Sous les actions combinées de P et de R_B, la tige va glisser pour A le long de x et B le long de y.

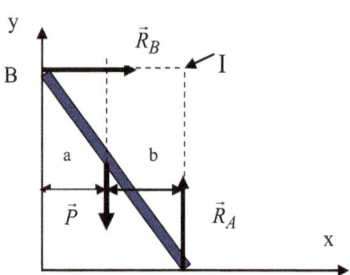

$$\vec{R}_A + \vec{R}_B + \vec{P} = \vec{O}$$

Projection sur Ox

$R_B = 0$

Projection sur Oy

$R_A - P = 0$ soit $R_A = P$

Hypothèses 2 : frottement en A, mais pas de frottement en B

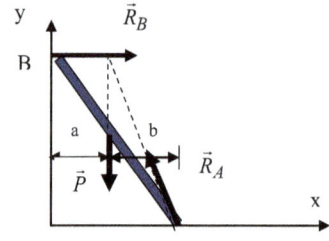

La réaction en B est normale à la surface de contact. Le contact en A est assimilé à une articulation et de ce fait la direction ainsi que l'intensité de R_A sont inconnues.

Equations d'équilibre
$$\vec{R}_A + \vec{R}_B + \vec{P} = \vec{0}$$

Projection sur les axes de coordonnées

/ x : $R_{Ax} + R_B = 0$

/y : $R_{Ay} - P = 0$

Le Moment par rapport à B de toutes les forces est équivalent à zéro :

$-R_B h + bP = 0$ soit $R_B = \dfrac{b}{h} P$ et $R_{Ax} = R_B$

On en déduit l'intensité de la réaction en A

$$R_A = P\sqrt{\left(\frac{b}{h}\right)^2 + 1}$$

Exemple 3

Déterminer les réactions aux appuis

a + b = L

$p = p_0 \sin(\pi \frac{x}{l})$

a=2m, b=4m, p0=5kN /m ; q=6kN/m

Solution

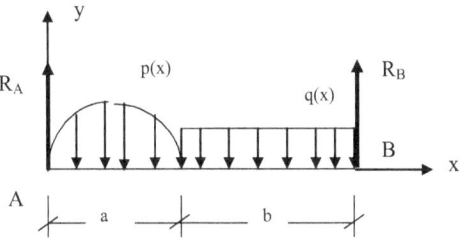

Equations d'équilibre

$$R_A - \int_0^a p(x)dx - \int_a^L q(x)dx + R_B = 0$$

$$M/B = -R_A L + \int_0^a p(x)x dx + \int_a^L q(x)x dx = 0$$

$$R_A = \frac{\int_0^a px\sin(\frac{\pi x}{L})dx + \int_a^L q(x)dx}{L}$$

$$= \left[\frac{p_0 \frac{La}{\pi}\cos\left(\pi\frac{a}{L}\right)\left(-1 + \frac{L}{a}\frac{1}{\pi}tg(\pi\frac{a}{L})\right) + \frac{q}{2}L^2\left(1 - \left(\frac{a}{L}\right)^2\right)}{L}\right]$$

$$= p_0 \frac{a}{\pi}\cos\left(\pi\frac{a}{L}\right)\left(-1 + \frac{L}{a}\frac{1}{\pi}tg(\pi\frac{a}{L})\right) + \frac{q}{2}L\left(1 - \left(\frac{a}{L}\right)^2\right)$$

$$R_B = -R_A + \int_0^a p(x)dx + \int_a^L q(x)dx$$

$$= -p_0 \frac{a}{\pi}\cos\left(\pi\frac{a}{L}\right)\left(-1 + \frac{L}{a}\frac{1}{\pi}tg(\pi\frac{a}{L})\right) - \frac{q}{2}L\left(1-\left(\frac{a}{L}\right)^2\right) + p_0\left(\frac{L}{\pi}\right)\left(-\cos\pi\frac{a}{L}+1\right) + qL(1-\frac{a}{L})$$

$$= p_0 \cos\pi\frac{a}{L}\left[\frac{a}{\pi}\left(1 - \frac{L}{a}\frac{1}{\pi}tg(\pi\frac{a}{L}) - \frac{L}{\pi a}\right)\right] + p0\frac{L}{\pi} + q\frac{L}{2}\left(1-\frac{a}{L}\right)\left(-1-\frac{a}{L}+1\right)$$

$$= p_0 \cos\pi\frac{a}{L}\left[\frac{a}{\pi}\left(1 - \frac{L}{a\pi}\left((tg(\pi\frac{a}{L})+1)\right)\right)\right] + p_0\frac{L}{\pi} - q\frac{L}{2}\left(1-\frac{a}{L}\right)\left(\frac{a}{L}\right)$$

$$R_A = 5\frac{2}{3.14}\cos\left(\pi\frac{2}{6}\right)\left(-1+\frac{6}{2}\frac{1}{\pi}tg(\pi\frac{2}{6})\right) + \frac{6}{2}6\left(1-\left(\frac{2}{6}\right)^2\right)$$
$$= 17.1 kN$$

$$R_B = 5\cos\pi\frac{2}{6}\left[\frac{2}{\pi}\left(1-\frac{6}{2\pi}\left((tg(\pi\frac{2}{6})+1)\right)\right)\right] + 5\frac{6}{\pi} - 6\frac{6}{2}\left(1-\frac{2}{6}\right)\left(\frac{2}{6}\right)$$

$$= 5\cos\pi\frac{2}{6}[-1.024] + 9.55 - 4$$
$$= 2.99 kN$$

Exemple 4 :

Donner en fonction de l, h et Q l'expression des réactions en A et B de la structure ci-dessous. On posera α=h/l et on étudiera l'évolution des réactions en fonction de α. Applications numériques : a=1 ; 2 ;5, Q=15kN.

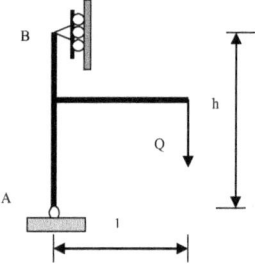

Solution

1) On associe un système d'axe (A_x, A_y)à la structure

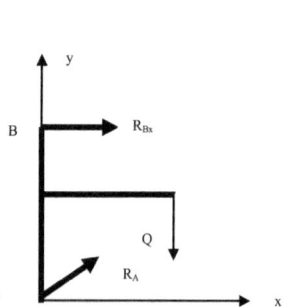

2) On fait l'inventaire des forces en présence :

En A on a une articulation

R_A : Direction non connue, intensité non connue, composantes $R_A(R_{Ax}, R_{Ay})$;

En B on a un appui simple

R_B : Direction connue, intensité non connue, composante $R_B(R_{Bx}, 0)$

3) Equation d'équilibre de la potence

$$\vec{R}_A + \vec{R}_B + \vec{Q} = \vec{0} \quad \text{et} \quad \sum \vec{M}/A = \vec{0} = \overrightarrow{AB} \wedge \vec{R}_B + \overrightarrow{AC} \wedge \vec{Q} = \vec{0}$$

4) projection des équations suivant les axes de coordonnées

$$\begin{cases} R_{Ax} + R_{Bx} = 0 \\ R_{Ay} - Q = 0 \\ -hR_{Bx} - lQ = 0 \end{cases} \text{soit} \begin{cases} R_{Ax} = -R_{Bx} \\ R_{Ay} = Q \\ R_{Bx} = -\dfrac{l}{h}Q = -\dfrac{Q}{\alpha} \end{cases} \quad R_A = \sqrt{R_{Ax}^2 + R_{Ay}^2} = Q\sqrt{\left(-\dfrac{l}{h}\right)^2 + 1}$$
$$= Q\sqrt{\alpha^2 + 1}$$

Applications numériques

$\alpha = 1$: $R_A = 21.2$ kN, $R_B = -15$ kN

$\alpha = 2$ $R_A = 33.54$ kN, $R_B = 7.5$ kN

$\alpha = 5$ $R_A = 76.48$ kN, $R_B = 3$ kN

Exemple 5 :

Les clients d'un bar assis sur une terrasse ABC de largeur 8 mètres. Le poids propre de la dalle est de 25kN/m³. Son épaisseur est de 20 cm. Le poids des personnes est assimilable à une charge uniformément répartie de p kN/m². On donne : l_1=2.5m, l_2=3m.

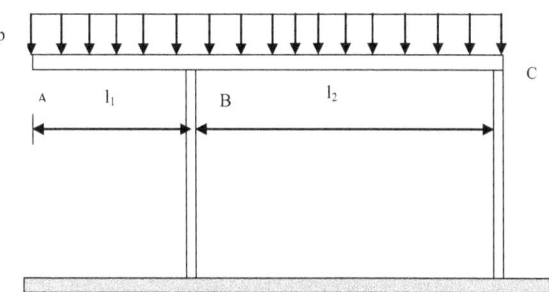

A) déterminer les réactions aux appuis A et B, la dalle étant simplement appuyée sur les murs en B et C.

B) Suite à un accident qui se produit sur la chaussée, tous les clients se précipitent sur la console.

*Déterminer littéralement les expressions des réactions aux appuis B et C (on exprimera R_C en fonction du rapport $x=l_1/l_2$. La dalle es-elle ou non en équilibre ?

*Quelle serait la valeur limite de x pour que la stabilité ne soit plus assurée ?

Solution
A)
1) Calculons d'abord le poids propre par mètre carré de dalle

$25*0.2*1*1=5kN/m^2$

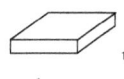

2) Comme les charges sont uniformément reparties sur toute la dalle, nous pouvons d'abord calculer la charge pour un mètre de longueur de dalle :

* poids propre $p_1 = 5 \times 8 = 40$ kN/ml
* poids des personnes $p_2 = 2 \times 8 = 16$ kN/ml

Total $p=p_1+p_2=56$ kN/ml

Le schéma mécanique ainsi que le repère associé à la dalle est le suivant :

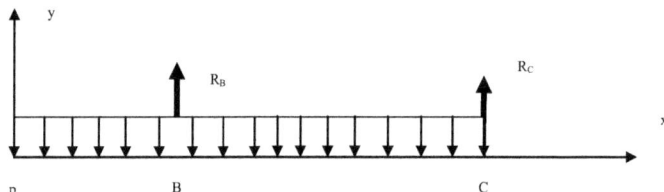

$l_1= 2m$; $l_2= 3m$
Equation d'équilibre de poutre :

$$\sum \vec{F} = \vec{0} \quad \text{et} \quad \sum \vec{M}/A = \vec{0}$$

$$\vec{R_B}\begin{pmatrix}0\\R_B\\0\end{pmatrix}, \vec{R_C}\begin{pmatrix}0\\R_C\\0\end{pmatrix}, d\vec{P}\begin{pmatrix}0\\-pdx\\0\end{pmatrix}, \overrightarrow{AM}\begin{pmatrix}x\\0\\0\end{pmatrix}, \overrightarrow{AB}\begin{pmatrix}0\\l_1\\0\end{pmatrix}, \overrightarrow{AC}\begin{pmatrix}0\\l\\0\end{pmatrix}$$

$$\vec{R}_B + \vec{R}_C + \int_0^l \vec{p}dx = \vec{0}$$

$$\sum \overrightarrow{M}/A = \int_0^l \overrightarrow{AM} \wedge d\vec{P} + \overrightarrow{AB} \wedge \vec{R}_B + \overrightarrow{AC} \wedge \vec{R}_C = \vec{0}$$

En projetant sur les axes B_X B_Y sur (tous les composants suivant x sont nuls ici)

$$R_B + R_C - \int_A^C pdx = 0 \quad \text{et} \quad l_1 R_B + l R_C - \int_A^C pxdx = 0$$

D'où
$$\begin{cases} R_B + R_C - pl = 0 \\ l_1 R_B + l R_C - p\dfrac{l^2}{2} = 0 \end{cases}$$

$$R_B = \frac{1}{l_2} p \frac{l^2}{2}, \quad R_c = \frac{pl(l_2 - l_1)}{2l_2}$$

Applications numériques

$$R_B = \frac{1}{3} 56 \frac{5.5^2}{2} = 282.33 kN$$

$$R_c = \frac{56 * 5.5 * 0.5}{2 * 3} = 25.66 kN$$

B) Tous les clients se précipitent au AB

Le poids total des clients est de 2x8x5.5 = 88 kN, initialement repartie sur une surface initiale de 44 m². Cette même charge est désormais repartie sur 8x2.5 = 20 m². La charge par mètre carré de AB est donc de $\dfrac{88}{20} = 4.4 kN/m^2$. La nouvelle valeur de p_2 devient :

p_2 = 4.4x8 = 35.2 kN/ml

Le schéma mécanique d'ensemble devient :

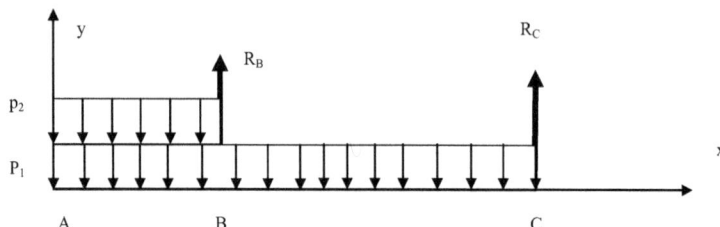

Les équations d'équilibre donnent :

$$R_B + R_C - \int_A^C p_1 dx - \int_A^B p_2 dx = 0$$

$$l_1 R_B + l R_C - \int_A^C p_1(x) dx - \int_A^B p_2(x) dx = 0$$

$$\begin{cases} R_B + R_C - p_1 l - p_2 l_1 = 0 \\ l_1 R_B + l R_C - p_1 \dfrac{l^2}{2} - p_2 \dfrac{l_1^2}{2} = 0 \end{cases}$$

système d'équations dont les inconnues sont R_B et R_C, on trouve après résolution :

$$R_B = \frac{p_1 l^2 + p_2 l_1 (l + l_2)}{2 l_2}$$

$$R_C = \frac{-p_2 l_1^2 + p_1 l (l_2 - l_1)}{2 l_2}$$

Avec p_1=40kN/ml, p_2=35.2kN/ml, l_1=2.5m, l_2=3m

$$R_B = \frac{40 * 5.5^2 + 35.2 * 2.5 * 5.5}{2 * 3} = 282.33 kN$$

$$R_C = \frac{-35.2 * 2.5^2 + 40 * 5.5 * 0.5}{2 * 3} = -18.33 kN$$

On note que la dalle bascule sur la rue.

Exercices

E.3.1. Déterminer les réactions aux appuis

$a + b = L$

$p = p_0 \cos(\pi \frac{x}{l})$

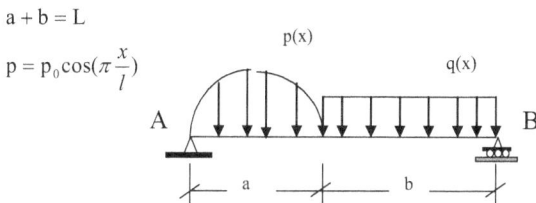

E.3.2. Déterminer les réactions aux appuis ainsi que l'expression des efforts tranchants, efforts normaux et moments fléchissants pour les systèmes suivants :

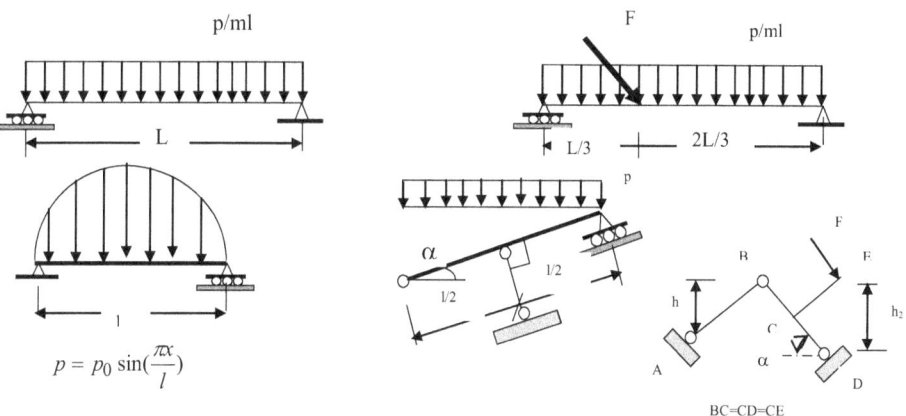

$p = p_0 \sin(\frac{\pi x}{l})$

BC=CD=CE

E.3.3. Déterminer littéralement les réactions en A pour que mât soit en équilibre.

A.N.
$h_1 = 2.00$; $h_2 = 2.50$; $\alpha = 45°$; $\beta = 60°$
P=5KN/ml ; q= 10KN/ml

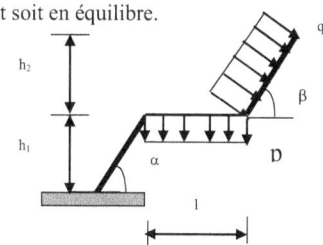

E.3.4 On donne la potence ci-dessous permettant de soulever les charges dans un atelier. La barre BD est un vérin d'angle α. La variation de BD lorsque le vérin est actionné permet la variation de l'angle β entre la potence AC et la poutre CE.
1- Isoler le vérin BD et étudier son équilibre. Donner la direction et le sens des efforts qui le sollicitent.
2- Isoler la barre CDE et étudier son équilibre. En déduire litéralement :
   - la réaction du vérin BD sur la poutre CDE ;
   - la réaction de la potence ABC sur la poutre CDE ;
   - Donner une relation entre α et β pour que l'action du vérin sur la poutre CDE soit maximale ;
   - Donner l'expression de cette force en fonction des données géométriques et de la charge P.
3- Isoler la potence ABC et étudier son équilibre. En déduire les réactions à l'appui A sachant que celui-ci est encastré
4- Applications numériques
AB=CD=3.00 ; CD=DE=3.00 ; P=20KN
α=60°, b=20°.

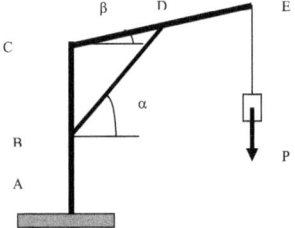

E.3.5. Pour les structures ci-dessous déterminer les réactions aux appuis puis tracer les diagrammes des moments fléchissants et efforts tranchants :

AB=BC=CD=1/2DE=2m, F=20kN, p_0=p=15kN/m

L= 3m, p_0=25kN/m

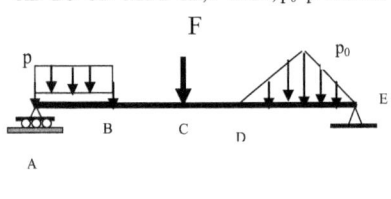

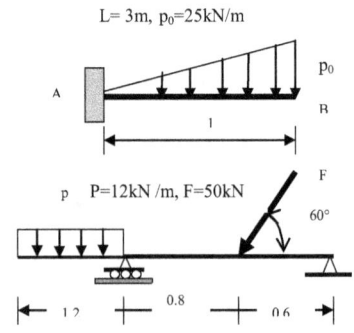

AB=L=2.5m, p=25kN/m

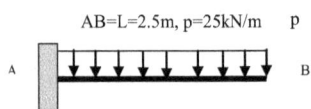

AB=2m, BC=1.5m, CD=4m, F=35kN,
M_n=15kNm, p=20kN/m

L=8m, p=25kN/m

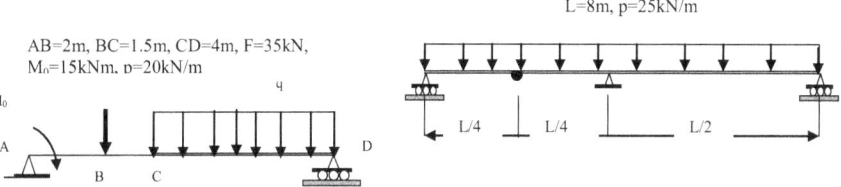

E.3.6. Déterminer le degré d'hyperstaticité des structures suivantes :

E.3.7. Déterminer les réactions aux appuis puis tracer les diagrammes M,N, T des structures suivantes.

AB=h=2m, BC=3m,
CD=1.5m, P=20kN

h=3m, L=4m, P=50kN,
α_1=2α_2=35°, α_p=45°

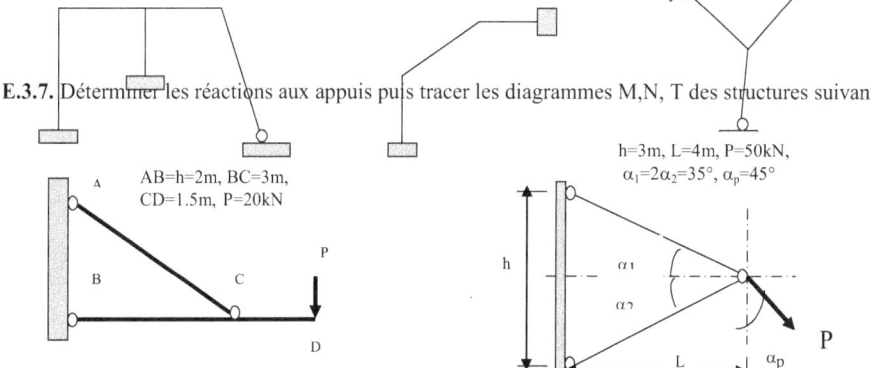

E.3.8 Déterminer les réactions en A, B et G, puis tracer les diagrammes M, N,T sur la structure.

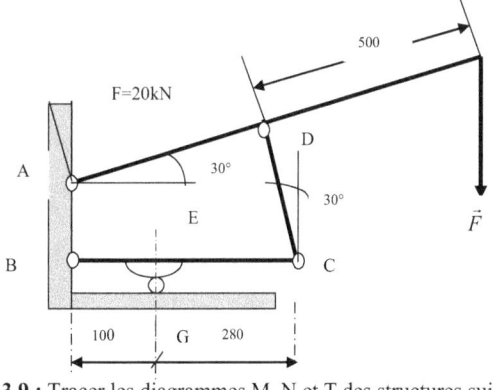

E.3.9 : Tracer les diagrammes M, N et T des structures suivantes :

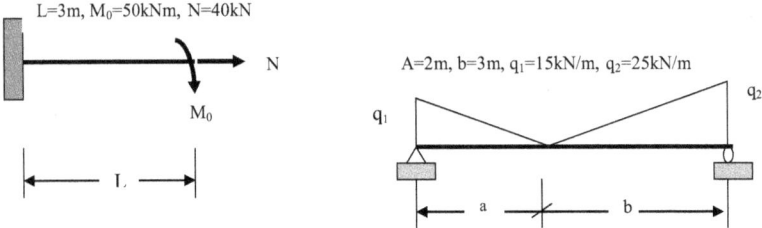

E.3.10. Le demi-cylindre homogène a une masse m et pour centre de gravité G. Déterminer le plus grand angle ϕ pour que le demi cylindre reste en équilibre, sachant que le coefficient de frottement statique µs=0.3.

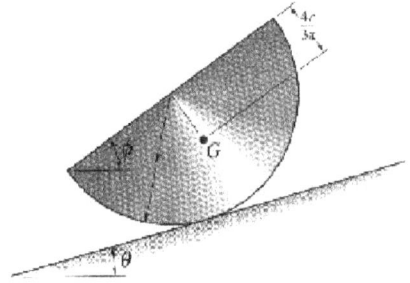

E.3.11 Une caisse de 100 kg est poussée sur un plan incliné par deux hommes lui imposant des forces respectives P et T. Sachant que la force P vaut 500 N et que le frottement cinétique entre le sol et la caisse est de 0.4, déterminer la tension T à appliquer pour maintenir le mouvement de la caisse.

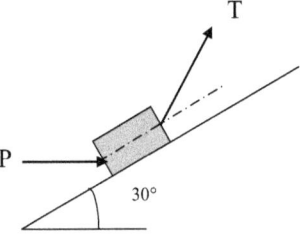

E.3.12 Un bloc de béton de 50kg est maintenu sur un plan horizontal par une force incliné d'un angle variable ϕ.

a) Si le bloc commence à se déplacer pour ϕ=30°, calculer le coefficient de frottement μ$_s$ statique entre le support et le bloc ;

b) Si ϕ=45°, calculer la force de frottement entre le support et le sol.

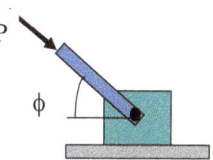

E.3.13 La communauté urbaine de Douala se propose de placer dans les carrefours de grands panneaux publicitaires amovibles dont la structure est constituée de barres suivant la figure ci-dessous. Ces panneaux sont soumis à l'action du vent horizontal q=45daN/m2 et le poids propre du portique est négligé. Le tirant BD est à mi-hauteur du panneau. Le panneau est constitué de trois portiques de hauteur 2 m, mais nous supposons pour simplifier que chacun d'eux ne supporte qu'un mètre de longueur de charges.

1) Déterminer les réactions en A et E ;
2) Isoler AC, BD et EC et déterminer les réactions en B, C et D ;
3) Tracer les diagrammes d'effort normal, d'effort tranchant et de moment fléchissant sur le portique ;
4) Reprendre les trois questions précédentes en supposant l'existence d'un frottement statique μ$_s$ en E.

Après cinq ans d'utilisation, la CUD vend aux enchères les portiques. Un acquéreur, tâcheron de son état décide d'en faire un tréteau pour ses travaux. La figure b montre le principe de son utilisation. On appelle P le poids du maçon et de son matériel de travail. La position du maçon qui se déplace le long de l'échafaudage OH est repérée par α, l'origine étant prise en O. Le poids propre de la planche par mètre linéaire est p=kP. On donne : FG=L, OM=αL , OF==GH=L/3

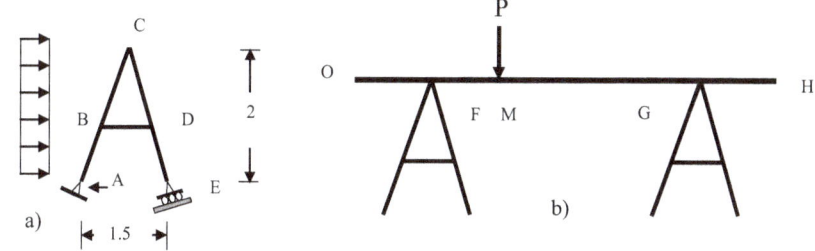

5) Déterminer les réactions sur les appuis F et G en fonction k et α ;
6) Tracer sur un même repère l'évolution de R$_F$ et R$_G$ en fonction de α pour k=2/5L^{-1} ;

7) Donner en fonction de k et de α les expressions de R_F et R_G, pour les cas suivants : α<L/3 et α>L/3 ; pour chacun des cas donner une relation entre a et k pour que R_G soit nul.

8) tracer les diagrammes des moments fléchissants et des efforts tranchants pour $k=3/5L^{-1}$.

9) En supposant que les tréteaux sont dans la configuration a) mais soumis aux poids du maçon et de son matériel, reprendre les questions 1, 2, 3 et 4.

Extrait examen semestre 1, ENSET, 1994.

E3.14 Une structure plane, en équilibre, schématisée par la figure ci-dessous et chargée par deux forces F_1 et F_2 et un moment M_0 est fixée à une fondation par trois barres 1, 2 et 3. Calculer l'effort normal dans chacune des trois barres. Tracer les diagrammes des contraintes généralisées sur toute la structure.

a = b = c = d = L/4 ; F_1 = 20kN, F_2 = 30kN, M_0 = 35kNm

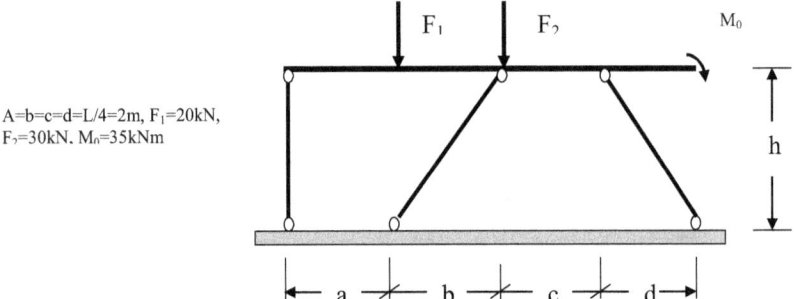

A=b=c=d=L/4=2m, F_1=20kN, F_2=30kN, M_0=35kNm

E3.15. Une tribune de stade est formée d'une série de portique plan se repentant tous les cinq mètres. Le poids propre et les surcharges sont équivalentes à une charge 10kN/m. On n'envisage que ce cas de charge.

1) cette structure est-elle iso ou hyperstatique ?
2) Déterminer les efforts dans les barres AB et CD ;
3) Déterminer les réactions aux appuis

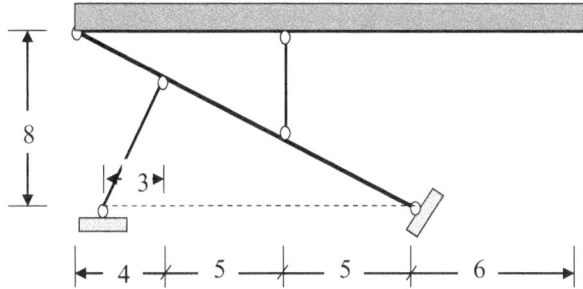

Chapitre 4 : Caractéristiques géométriques des sections planes

En calcul de structures, la géométrie des sections est d'une importance capitale. La forme la plus simple de la géométrie d'une section est son aire. Intuitivement on imagine bien qu'une section supporte d'autant plus une charge de compression qu'elle est grande. De même, une dalle sera d'autant plus flexible que son épaisseur sera petite. Il s'agira dans ce chapitre de définir quelques propriétés géométriques des sections, propriétés que l'on rencontre fréquemment dans le calcul des structures (Résistance des matériaux, calcul de béton armé ou précontraint, structures en bois et structures métalliques). Dans tout ce qui suit, on se placera dans un repère (O, x, y z) auquel sera attachée la section à étudier.

4.1. Barycentre d'une section plane

D'un point de vue mathématique, on nomme barycentre de n points A_i, affectés respectivement des coefficients λ_i, dont la somme n'est pas nulle, le point G, indépendant de O(origine du repère), défini par :

$$(\sum_{1}^{n}\lambda_i)\overrightarrow{OG} = \sum_{1}^{n}\lambda_i\overrightarrow{OA_i}$$

L'intérêt de la notion de barycentre réside dans le fait qu'elle permet, de remplacer une somme de n vecteurs par un vecteur unique. Le point G est indépendant de l'origine choisie. De ce fait si on choisit G comme origine, la définition ci-dessus devient :

$$\sum_{1}^{n}\lambda_i\overrightarrow{GA_i} = \vec{0}$$

4.2. Centre de masse ou centre de gravité d'un solide

Dans un repère (O, x, y, z), soit $\overrightarrow{OM}$ le vecteur donnant la position d'un élément de volume dv d'un corps Ω. Soit dm sa masse. On appelle centre de gravité ou centre de masse le point G (x_G, y_G, z_G), un point de Ω tel que :

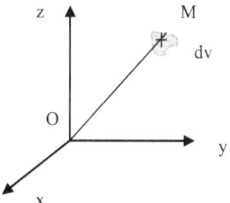

Figure 4.1 : repère associé au point M

$$\begin{cases} (\int_\Omega dm)x_G = mx_G = \int_\Omega x\,dm \\ (\int_\Omega dm)y_G = my_G = \int_\Omega y\,dm \\ (\int_\Omega dm)z_G = mz_G = \int_\Omega z\,dm \end{cases}$$

On note que le point G est le barycentre de l'ensemble des points M(x, y, z) affectés des coefficients dm. Si $\rho=\rho(x, y, z)$ est la masse volumique du solide, sa masse élémentaire est $dm=\rho dv$ et sa masse $m = \int_\Omega \rho\,dv$

On déduit :

$$\begin{cases} x_G = \dfrac{\int_\Omega x\,dm}{\int_\Omega \rho\,dv} = \dfrac{\int_\Omega x\,dm}{m} \\ y_G = \dfrac{\int_\Omega y\,dm}{\int_\Omega \rho\,dv} = \dfrac{\int_\Omega y\,dm}{m} \\ z_G = \dfrac{\int_\Omega z\,dm}{\int_\Omega \rho\,dv} = \dfrac{\int_\Omega z\,dm}{m} \end{cases}$$ G est le centre géométrique ou centroïde du solide Ω.

Si le solide est homogène, c'est-à-dire ρ constante, on a :

$$\begin{cases} x_G = \dfrac{\int_\Omega x\,dv}{V} \\ y_G = \dfrac{\int_\Omega y\,dv}{V} \\ z_G = \dfrac{\int_\Omega z\,dv}{V} \end{cases}$$

4.2.1. Centre de gravité d'une surface plane

On appelle centre de gravité de la surface A d'un solide Ω, le point G (x_G, y_G, z_G) défini par :

$$\begin{cases} x_G = \dfrac{\int_A x\,dS}{A} \\ y_G = \dfrac{\int_A y\,dS}{A} \\ z_G = \dfrac{\int_A z\,dS}{A} \end{cases}$$

4.2.2. Centre de gravité d'un élément linéique

On appelle centre de gravité de la ligne L d'un solide Ω, le point G(x_G, y_G, z_G) défini par :

$$\begin{cases} x_G = \dfrac{\int_L x\,ds}{L} \\ y_G = \dfrac{\int_L y\,ds}{L} \\ z_G = \dfrac{\int_L z\,ds}{L} \end{cases}$$

4.3. Moment statique des figures planes

Dans un repère O(x, y) soit $\overrightarrow{OM}$ le vecteur donnant la position d'un élément de surface dA d'un corps Ω. On appelle moment statique d'une surface S par rapport aux axes x et y les intégrales suivantes :

$$\begin{cases} S_x = \int_A y\,dA \\ S_y = \int_A x\,dA \end{cases} \quad S[m^3]$$

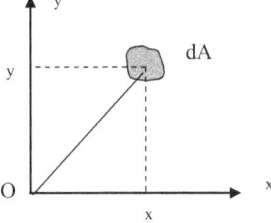

Figure 4.2 : définition du moment statique

Si G est le centre de gravité de la surface est pris comme origine du repère le moment statique devient nul.

Dans le cas des surfaces composites ces relations deviennent :

$$\begin{cases} S_x = \sum_1^n y_i A_i \\ S_y = \sum_1^n x_i A_i \end{cases}$$

4.4. Moment d'inertie ou moment quadratique des figures planes

4.4.1 Définitions

On appelle moments quadratiques d'une section les intégrales :

$I_x = \int_A y^2 dA$

$I_y = \int_A x^2 dA$ On a $I_0 = I_x + I_y = \int_A r^2 dA$, $r^2 = x^2 + y^2$

Unité : $[m^4]$

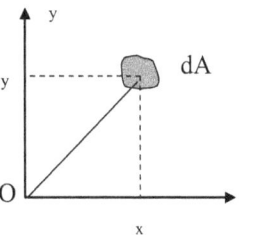

I_x et I_y, I_0 sont des quantités définies positives.   Figure 4.3 : Définition du moment quadratique

I_0 est le moment quadratique polaire.

Pour une section rectangulaire de largeur b et de hauteur h, dA=bdy ou hdx et les expressions précédentes deviennent :

$$I_x = \int_A y^2 b dy = b\int_0^h y^2 dy = b\frac{h^3}{3}$$

$$I_y = \int_A x^2 h dy = b\int_0^h y^2 dy = h\frac{b^3}{3}$$

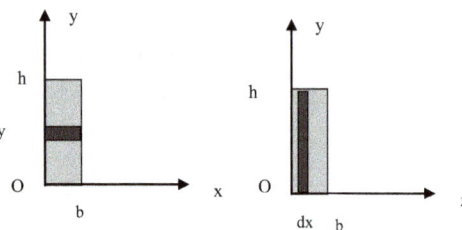

Figure 4.4 Moment quadratique d'une section rectangulaire

Pour une section circulaire de rayon r et

dA = πrdrdθ, y = rsinθ

$$I_x = \int_0^{2\pi} \int_0^r (r\sin\theta)^2 r dr d\theta$$

$$= \int_0^{2\pi} \frac{r^4}{4} \sin^2\theta d\theta = \pi\frac{r^4}{4} = \pi\frac{D^4}{64}$$

Pour l'inertie polaire

dA=2πrdr

$$I_0 = 2\pi\int_0^R (r)^2 r dr$$

$$= \pi\frac{R^4}{2} = \pi\frac{D^4}{32}$$

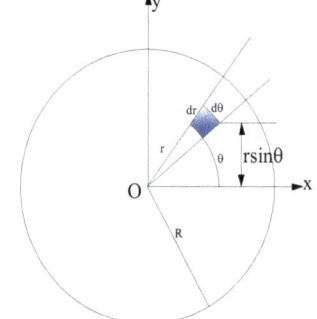

Figure 4.5. Moment quadratique d'une section circulaire

De même on appelle produit d'inertie la quantité $I_{xy} = \int_A xy dA$

Lorsque le point 0 coïncide avec G, les axes x et y sont appelés axes centraux d'inertie. C'est en général par rapport à ces axes qu'on calcule les caractéristiques d'inertie.

On note $M = \begin{pmatrix} I_x & I_{xy} \\ I_{xy} & I_y \end{pmatrix}$ la matrice d'inertie relative à la section considérée.

4.4.2 Théorème de huyghens

Si on connaît les caractéristiques d'inertie par rapport aux axes centraux caractérisés par le système de coordonnées (GX ,GY), il est aisé de déterminer les caractéristiques d'inertie par rapport à un autre

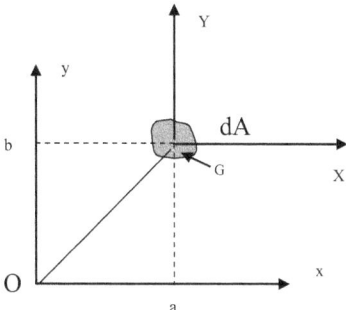

Figure 5.6 Théorème de Huygens

système d'axe (Ox, Oy) parallèles aux axes centraux. Soit (a, b), les coordonnées du centre de gravité G par rapport à Ox , Oy on a :

x= X + a
y =Y +b

On a donc

$$
\begin{aligned}
I_x &= \int_A y^2 dA \\
&= \int_A (b+Y)^2 dA \\
&= \int_A b^2 dA + \int_A Y^2 dA + 2\int_A bY dA \\
&= b^2 A + I_{GX} + 2bS_{G_x} \\
&= I_{GX} + b^2 A
\end{aligned}
$$

Avec S_{Gx}=0, I_{GX}, le moment quadratique par rapport à GX.

De même

$$I_y = \int_A x^2 dA$$
$$= \int_A (a+X)^2 dA$$
$$= \int_A a^2 dA + \int_A X^2 dA + 2\int_A aXdA \qquad \begin{vmatrix} Ix = I_{GX} + b^2 A \\ Iy = I_{GY} + a^2 A \end{vmatrix}$$
$$= a^2 A + I_{GY} + 2aS_{GY}$$
$$= I_{GY} + a^2 A$$

Avec $S_{GY}=0$, I_{GY}, le moment quadratique par rapport à GY.

$$I_{xy} = \int_A xydA$$
$$= \int_A (a+X)(b+Y)dA$$
$$= \int_A abdA + \int_A XYdA + \int_A bYdA + \int_A aXdA$$
$$= abA + I_{XY} + aS_{GY} + bS_{GX}$$
$$= abA + I_{XY}$$

Exemple1

Déterminer le produit d'inertie puis le moment quadratique de la surface rectangulaire de coté b, h et de centre C

$$I_{XY} = I_{x0y0} + AX_0Y_0$$
$$= AX_0Y_0$$
$$= bhX_0Y_0$$

$$I_X = I_{x0} + AY_0^2$$
$$= \int_{-\frac{h}{2}}^{\frac{h}{2}} y^2 dS + bhY_0^2$$
$$= \int_{-\frac{h}{2}}^{\frac{h}{2}} y^2 bdy + bhY_0^2 = b\frac{h^3}{12} + bhY_0^2$$

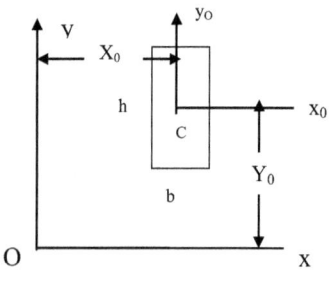

$$I_Y = I_{y0} + AX_0^2$$

$$= \int_{-\frac{b}{2}}^{\frac{b}{2}} x^2 dS + bhX_0^2$$

$$= \int_{-\frac{b}{2}}^{\frac{b}{2}} x^2 b dx + bhX_0^2 = h\frac{b^3}{12} + bhX_0^2$$

Application numérique

$b = 50mm, h = 200mm, x_0 = 50mm, y_0 = 30mm$

$A_0 = 50 \times 200 = 10000mm^2$

$I_{xy} = I_{x0y0} + A_0 x_0 y_0 = 10000 \times 20 \times 30 = 6\,000\,000 mm^3$

$I_x = 50\dfrac{200^3}{12} + 50 \times 200 \times 30^2 = 42\,333\,333.33\,mm^4$

$I_y = 200\dfrac{50^3}{12} + 50 \times 200 \times 50^2 = 27\,083\,333.33 mm^4$

Par rapport au centre de gravité de la section les moments quadratiques valent :

$I_{Gx} = 50\dfrac{200^3}{12} = 33\,333\,333.33 mm^4$

$I_{Gy} = 200\dfrac{50^3}{12} = 2\,083\,333.33 mm^4$

Exemple2

Déterminer la position du centre de gravité de la section ci-après

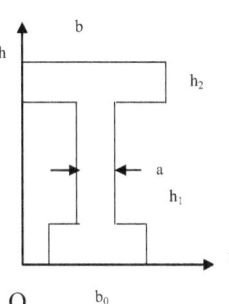

b=90mm, h=120mm, h1=15mm, h2=20mm, b0=35mm, a=20mm

On peut décomposer la section en trois parties:
 - semelles inférieure section 35*15=525mm²
 - semelle supérieure, section 90*20=1800mm²
 - l'âme 20*85=1700mm²

La position du centre de gravité est donnée par :

$$x_G = \frac{x_{G1}S_1 + x_{G2}S_2 + x_{G3}S_3}{S_1 + S_2 + S_3} = \frac{45 \times 525 + 45 \times 1800 + 45 \times 1700}{525 + 1800 + 1700} = 45mm$$

$$y_G = \frac{y_{G1}S_1 + y_{G2}S_2 + y_{G3}S_3}{S_1 + S_2 + S_3} = \frac{7.5 \times 525 + 110 \times 1800 + 57.5 \times 1700}{525 + 1800 + 1700} = 74.45mm$$

$$\overrightarrow{OG} = 45\vec{i} + 74.45\vec{j}$$

Nota : on pouvait remarquer que la section présente un axe de symétrie parallèle à Oy et déduire sans calcul que x_G=45mm.

Moment quadratique par rapport à Gx

$$I_{Gx} = I_1 + I_2 + I_3 = \int_{-74.45}^{-15} 35y^2 dy + \int_{25.55}^{45.55} 90y^2 dy + \int_{-15}^{25.55} 20y^2 dy = 7243549.4mm^4$$

Exemple 3

Déterminer le produit d'inertie par rapport aux axes x et y de l'aire sous la parabole d'équation $x=ky^2$, limitée par x=a et y=b.

Solution :

Ce problème peut être modélisé de plusieurs manières.

a) posons $dI_{xy}=xydS=xydxdy$ en considérant la surface élémentaire donnée sur la figure.

L'intégration sur toute la surface considérée donne

$$I_{xy} = \int_0^b \int_{\frac{ay^2}{b^2}}^a xy\,dx\,dy = \int_0^b \frac{1}{2}(a^2 - \frac{a^2 y^4}{b^4})y\,dy = \frac{1}{6}a^2 b^2$$

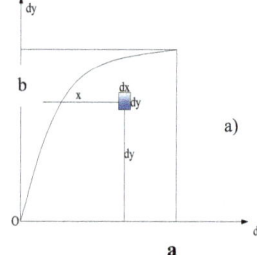

a)

b) Posons $dS=ydx$ et $dI_{xy}=d(abA + I_{X0Y0})$

$$=(x)(1/2y)(ydx)$$
$$=(1/2)xy^2$$

$$I_{xy} = \int_0^a \frac{y^2}{2} x\,dx = \int_0^a \frac{xb^2}{2a} x\,dx = \frac{1}{6}a^2 b^2$$

c)

dA=(a-x)dy

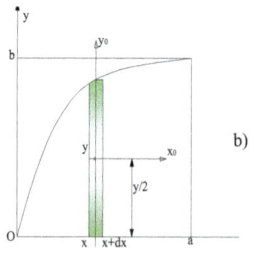

b)

$$dA = (a-x)dy$$
$$dI_{xy} = y(\frac{a+x}{2})(a-x)dy$$
$$I_{xy} = \int_0^b \frac{(a+\frac{a}{b^2}y^2)}{2}(a-\frac{a}{b^2}y^2)ydy$$
$$= \frac{1}{2b^4}\int_0^b (ab^2+ay^2)(ab^2-ay^2)ydy$$
$$= \frac{a^2b^2}{6}$$

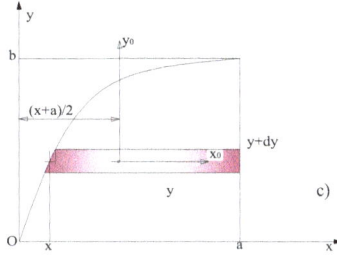

c)

4.5. Rayon de giration

$$r_x = \sqrt{\frac{I_x}{A}}$$
$$r_y = \sqrt{\frac{I_y}{A}} \quad [m]$$

Pour les sections données en exemple en 5

Exemple 1 :
$$r_x = \sqrt{\frac{I_x}{A}} = \sqrt{\frac{42333333.33}{10000}} = 65.06mm$$
$$r_y = \sqrt{\frac{I_y}{A}} = \sqrt{\frac{27083333.33}{10000}} = 52.04mm$$

$$r_{Gx} = \sqrt{\frac{I_x}{A}} = \sqrt{\frac{33333333.33}{10000}} = 57.73mm$$
$$r_{Gy} = \sqrt{\frac{I_y}{A}} = \sqrt{\frac{2083333.33}{10000}} = 14.43mm$$

Exemple 2
$$r_{Gx} = \sqrt{\frac{I_x}{A}} = \sqrt{\frac{7243549.4}{3025}} = 48.93mm$$

4.6 Changement de repère : axes principaux d'inertie

Soit un repère d'origine O et d'axes (Ox, Oy, Oz). Soit dS une surface élémentaire autour d'un point M(x,y,z). Exprimons les coordonnées de M dans un autre repère d'origine O et d'axes Ox', Oy', Oz'.

x'=xcosα+ysinα

y'=−xsinα+ycosα

soit :

$$\begin{pmatrix} x' \\ y' \end{pmatrix} = \begin{pmatrix} \cos\alpha & \sin\alpha \\ -\sin\alpha & \cos\alpha \end{pmatrix} \begin{pmatrix} x \\ y \end{pmatrix}$$

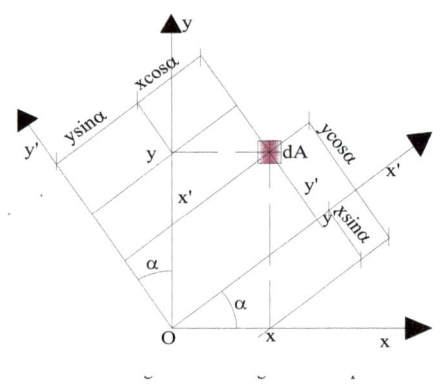

4.7. Exprimons les moments quadratiques dans le repère Ox'y'

$$I_{x'} = \int_A y'^2 \, dA$$
$$I_{y'} = \int_A x'^2 \, dA$$
$$I_{x'y'} = \int_A x'y' \, dA$$

$$I_{x'} = \int_A y'^2 \, dA$$
$$= \int_A (y\cos\alpha - x\sin\alpha)^2 \, dA$$
$$= \int_A y^2 \cos^2\alpha \, dA + \int_A x^2 \sin^2\alpha \, dA - 2\int_A (xy\cos\alpha\sin\alpha) \, dA$$
$$= \int_A \frac{1+\cos 2\alpha}{2} y^2 \, dA + \int_A \frac{1-\cos 2\alpha}{2} x^2 \, dA - \int_A (xy\sin 2\alpha) \, dA$$
$$= \frac{I_x + I_y}{2} + \frac{I_x - I_y}{2}\cos 2\alpha - I_{xy}\sin 2\alpha$$

$$I_{y'} = \int_A x'^2 \, dA$$
$$= \int_A (y \cos \alpha + x \sin \alpha)^2 \, dA$$
$$= \int_A x^2 \cos^2 \alpha \, dA + \int_A y^2 \sin^2 \alpha \, dA + 2\int_A (xy \cos \alpha \sin \alpha) \, dA$$
$$= \int_A \frac{1+\cos 2\alpha}{2} x^2 \, dA + \int_A \frac{1-\cos 2\alpha}{2} y^2 \, dA + \int_A (xy \sin 2\alpha) \, dA$$
$$= \frac{I_x + I_y}{2} + \frac{I_x - I_y}{2} \cos 2\alpha + I_{xy} \sin 2\alpha$$

$$I_{x'y'} = \int_A x' y' \, dA$$
$$= \int_A (y \cos \alpha - x \sin \alpha)(x \cos \alpha + y \sin \alpha) \, dA$$
$$= \int_A xy \cos^2 \alpha \, dA - \int_A x^2 \sin \alpha \cos \alpha \, dA + \int_A y^2 \sin \alpha \cos \alpha \, dA - \int_A (xy \sin^2 \alpha) \, dA$$
$$= \int_A y^2 \frac{\sin 2\alpha}{2} \, dA - \int_A x^2 \frac{\sin 2\alpha}{2} \, dA - \int_A (xy \cos 2\alpha) \, dA$$
$$= \frac{I_x - I_y}{2} \sin 2\alpha - I_{xy} \cos 2\alpha$$

$I_{x'}$, $I_{y'}$, $I_{x'y'}$ sont des formes quadratiques en α.

Il est intéressant pour l'ingénieur de rechercher les valeurs de l'angle α pour lesquelles l'inertie est maximum ou minimum. Il suffit pour cela de rechercher la direction suivant laquelle soit $I_{x'y'}$ est nulle, soit en écrivant que :

$$\frac{dI_{x'}}{d\alpha} = 0$$

On trouve

$$tg 2\alpha = \frac{2 I_{xy}}{I_x - I_y} = tg(2\alpha + \pi)$$

soit
$$\begin{vmatrix} \alpha_1 = arctg(\frac{2 I_{xy}}{I_x - I_y}) \\ \alpha_2 = \alpha_1 + \frac{\pi}{2} \end{vmatrix}$$

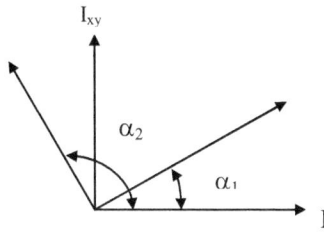

Figure 4.8 : directions principales d'inertie

α_1 et α_2 définissent les directions principales d'inertie et sont mutuellement perpendiculaires. Dans ces directions les inerties principales sont maximales ou minimales et le produit d'inertie nul. Les valeurs sont obtenues en écrivant que le déterminant de la matrice d'inertie est nulle :

$$\begin{vmatrix} I_x - \lambda & I_{xy} \\ I_{xy} & I_y - \lambda \end{vmatrix} = 0$$
$$= (I_x - \lambda)(I_y - \lambda) - Ixy^2$$
$$= \lambda^2 - \lambda(I_x + I_y) + I_x I_y - I_{xy}^2$$

Soit en remplaçant dans les expressions de Ix' et Iy', $\sin\alpha$ et $\cos\alpha$ par les valeurs correspondant aux directions principales ci-dessus trouvées.

La résolution de cette équation conduit à

$$I_{min} = \frac{I_x + I_y}{2} - \sqrt{\left(\frac{I_x - I_y}{2}\right)^2 + I_{xy}^2}$$

$$I_{max} = \frac{I_x + I_y}{2} + \sqrt{\left(\frac{I_x - I_y}{2}\right)^2 + I_{xy}^2}$$

1.4. Cercle de MOHR d'inertie

En observant les expressions de Ix', Iy' et Ix'y', on note qu'il s'agit des équations du cercle dont le centre et le rayon sont donnés respectivement par :

$$C\left(\frac{I_x + I_y}{2}, 0\right) \quad R = \frac{I_x - I_y}{2}$$

Un point M courant du cercle a pour coordonnées :

$$M\left(\frac{I_x + I_y}{2} + \frac{I_x - I_y}{2}\cos\alpha, I_{xy}\right) \quad \text{d'où la représentation de Mohr suivante :}$$

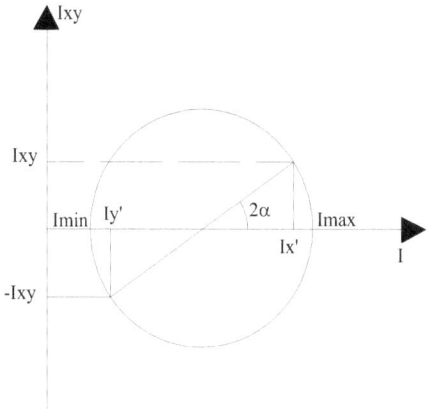

Figure 4.9 : Représentation dans un plan de MOHR

Exemple

On considère la section d'une cornière donnée sur la figure ci-contre,
Où les dimensions sont en millimètre.

- donner la position de son centre de gravité G;
- donner la valeur de son produit d'inertie I_{xy} ;
- donner les valeurs des moments quadratiques par rapport aux axes x et y ;
- donner les directions principales d'inertie ainsi que les valeurs des moments quadratiques minimaux et maximaux.

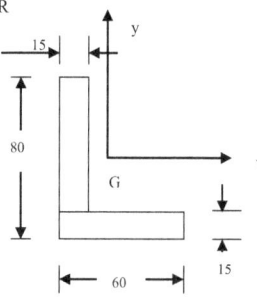

Solution

Position du centre de gravité

Décomposons la section en deux, soit S_1 et S_2 et considérons le système d'axe OXY

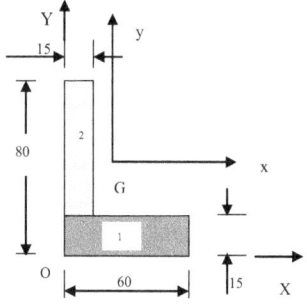

	S_i	X_i	Y_i	S_iX_i	S_iY_i	XG	YG
1	900	30	7.5	27000	6750	$X_G = \dfrac{34312.5}{1875}$	$Y_G = \dfrac{53062.5}{1875}$
2	975	7.5	47.5	7312.5	46312.5		
	1875			34312.5	53062.5	$= 18.3$	$= 28.3$

Position des centres de gravité de S1, S2 par rapport à Gxy

$d_{x1}=(30-18.3)=11.7 \quad d_{y1}=(-28.3+7.5)=-20.8$

$d_{x2}=(-18.3+7.5)=-10.8 \quad d_{y2}=(47.5-28.5)=19$

Produit d'inertie

	d_{xi}	d_{yi}	Si	I_{0xy}	Ixx
1	11.7	-20.5	900	-215869	-215869+ (-200070)
2	-10.8	19	975	-200070	$= -415939 mm^4$

Moments quadratiques

Les sections S_1 et S_2 étant rectangulaires, leur moment quadratique respectif par rapport aux axes de coordonnées, x et y sont donnés par la loi de Huygens :

$$I = b\dfrac{h^3}{12} + Sd^2$$

Où h est la hauteur de la section, S la section et d la distance du centre de gravité de la section considérée à un axe passant par G.

Par rapport à x

S1 : $I_{1x} = 60\dfrac{15^3}{12} + 900*11.7^2 = 140076 mm^4$

S2 : $I_{2x} = 15\dfrac{65^3}{12} + 975*(-10.8)^2 = 457005.25 mm^4$

$I_x = I_{1x} + I_{2x}$
$= 140076 + 457005.25$
$= 597081.25 mm^4$

Par rapport à y

S1 : $I_{1y} = 15\dfrac{60^3}{12} + 900*(-20.5)^2 = 648225 mm^4$

S2 : $I_{2y} = 65\dfrac{15^3}{12} + 975*19^2 = 353193.75 mm^4$

$$I_y = I_{1y} + I_{2y}$$
$$= 648225 + 353193.75$$
$$= 1001418.75 mm^4$$

Directions principales d'inertie de la section

$$tg2\alpha = \frac{2I_{xy}}{I_y - I_x}$$
$$= \frac{-415939}{1001418.75 - 597081.25}$$
$$= -1.28$$

2α=50° soit α=25°

Inerties principales

$$I_{min} = \frac{I_x + I_y}{2} - \sqrt{\left(\frac{I_x - I_y}{2}\right)^2 + I_{xy}^2}$$
$$= \frac{597081.25 + 1001418.75}{2} - \sqrt{\left(\frac{597081.25 - 1001418.75}{2}\right)^2 + 415939^2}$$
$$= 799250 - 462468.87$$
$$= 336781.13 mm^4$$

$$I_{max} = \frac{I_x + I_y}{2} + \sqrt{\left(\frac{I_x - I_y}{2}\right)^2 + I_{xy}^2}$$
$$= \frac{597081.25 + 1001418.75}{2} + \sqrt{\left(\frac{597081.25 - 1001418.75}{2}\right)^2 + 415939^2}$$
$$= 799250 + 462468.87$$
$$= 1261718.87 mm^4$$

Exercices

E.4.1 Déterminer les centres de gravité G, les moments d'inertie par rapport aux axes passant par O, puis par G, des sections suivantes :

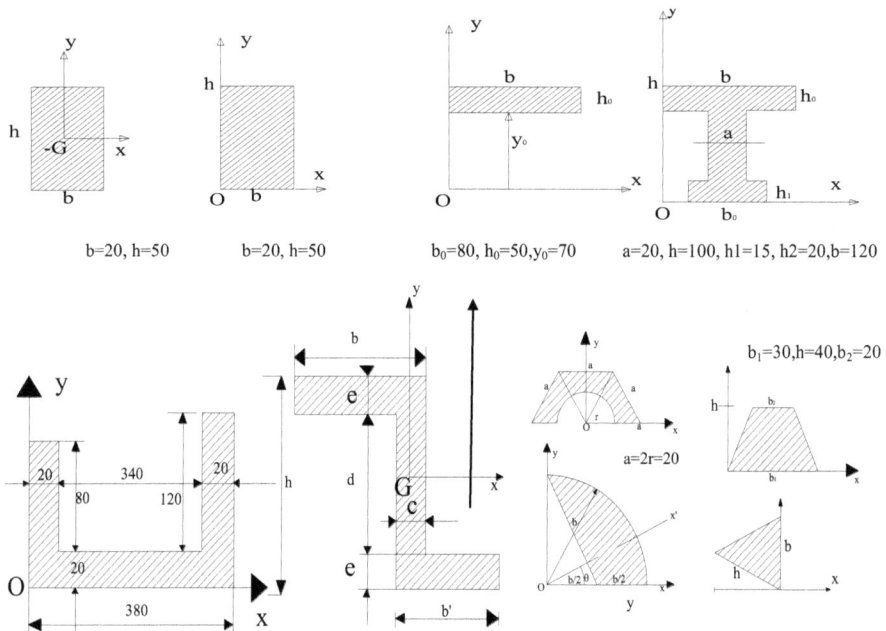

E.4.2 Pour la section ci-dessous, déterminer b pour que I_x et I_y soient identiques

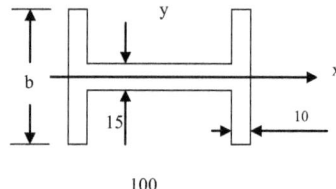

E.4.3 Déterminer les moments quadratiques des sections ci-dessous par rapport aux axes x et x.

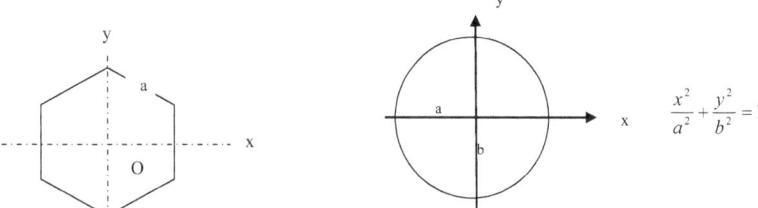

$$\frac{x^2}{a^2} + \frac{y^2}{b^2} = 1$$

E.4.4 Donner l'expression du moment d'inertie de la section limitée par ABC par rapport à l'axe Ox' en fonction de θ. Déterminer les valeurs minimales et maximales ainsi que les valeurs correspondantes de θ.

OB=OC=2OA=60cm

E.4.5 Le tablier d'un pont suspendu est assimilable à un caisson dont la section approximative est donnée sur la figure ci-dessous. Donner la valeur du moment quadratique du tablier par rapport à son centre de gravité.

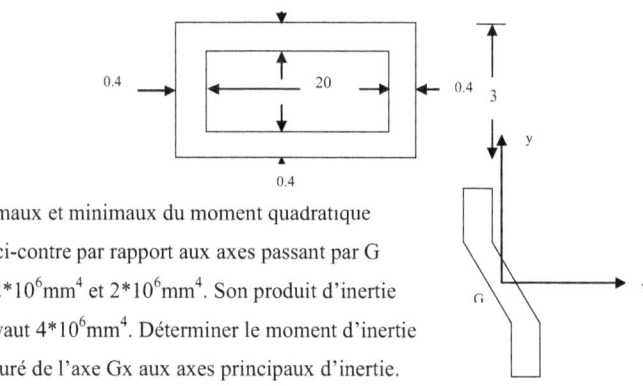

E.4.6 Les moments maximaux et minimaux du moment quadratique de la section de la figure ci-contre par rapport aux axes passant par G sont respectivement de $12*10^6 mm^4$ et $2*10^6 mm^4$. Son produit d'inertie par rapport aux axes x-y vaut $4*10^6 mm^4$. Déterminer le moment d'inertie Ix ainsi que l'angle a mesuré de l'axe Gx aux axes principaux d'inertie.

E.4.7 En appliquant le théorème de Huygens, déterminer les moments quadratiques homogénéisées des sections suivantes où A_{st} et A_{sc} représentent respectivement les sections d'armatures tendues(armatures inférieures)et comprimées(armatures supérieures)et B la section du béton. On appellera :

d'=2.5cm : la distance du parement supérieur du béton au centre de gravité de l'acier ;

d =h-d': la distance du centre de gravité l'acier inférieur au parement supérieur du béton ;

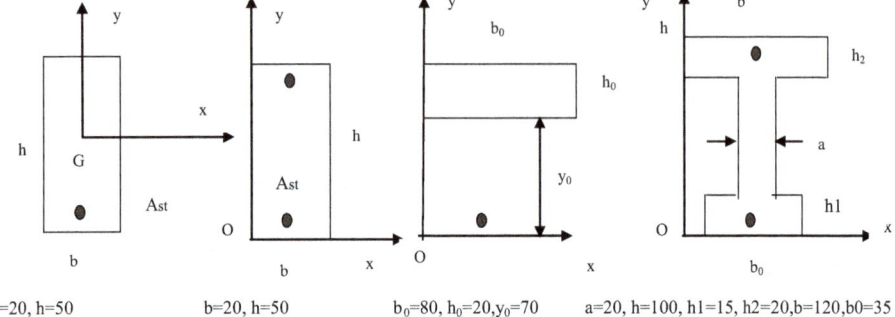

b=20, h=50   b=20, h=50 $b_0=80, h_0=20, y_0=70$ a=20, h=100, h1=15, h2=20, b=120, b0=35

E.4.8 Le théorème de Guldens permet de calculer les centres de gravité des surfaces générées par les courbes ou les volumes par les surfaces.

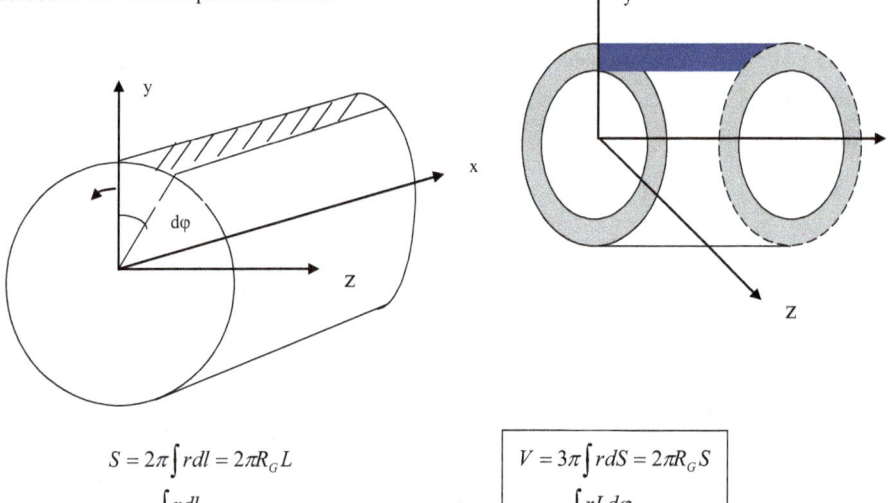

$$S = 2\pi \int r\,dl = 2\pi R_G L$$

$$R_G = \frac{\int r\,dl}{L}$$

$$V = 3\pi \int r\,dS = 2\pi R_G S$$

$$R_G = \frac{\int rL\,d\varphi}{S}$$

Où R_G est la position du centre de gravité.

Application : déterminer le centre de gravité de la surface, puis du volume engendré par la courbe d'équation $y=ax^2$ et tournant autour de l'axe des abscisses et délimitée par la droite d'équation $x=x_0$.

E.4.9. déterminer le centre de gravité de la demi sphère d'équation $R^2=x^2+y^2+z^2$, par rapport à un axe passant pas sa base $z=0$.

Chapitre5 : Systèmes articulés

5.1 Définitions

On nomme système triangulé (treillis, triangulation, système réticulé) un système composé de barres rectilignes, assemblées entre elles par leurs extrémités au moyen d'articulations qu'on appelle nœuds du système. Ce système admet un plan de symétrie qui est celui où s'appliquent les forces extérieures, les axes d'articulation étant perpendiculaires à ce plan. En général on néglige le poids propre des barres et on admet que les forces extérieures ne s'appliquent qu'aux nœuds. Les barres sont alors soit tendues soit comprimées. Les treillis sont souvent en bois, acier ou aluminium mais aussi quelquefois en béton armé ou précontraint..

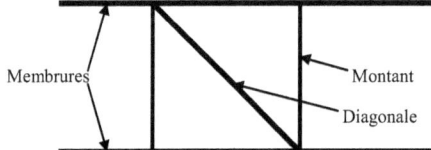

Fig.5.1 : Définition des éléments de base d'un treillis

D'après ce qu'on vient de dire, un treillis se présente de la manière suivante :
- un nœud est une articulation parfaite ;
- les axes des barres concourent aux nœuds, **sans excentricité ;**
- les barres sont soit tendues soit comprimées.
- les charges ne s'appliquent qu'aux nœuds et de ce fait les barres ne transmettent les charges que par leurs extrémités.

4.2 Géométrie

Un treillis de quatre barres n'est pas stable mais forme un mécanisme. Il en est ainsi de tout treillis formé de plus de quatre barres b). Par contre trois barres formant un triangle constituent une structure stable c). C'est une structure rigide.

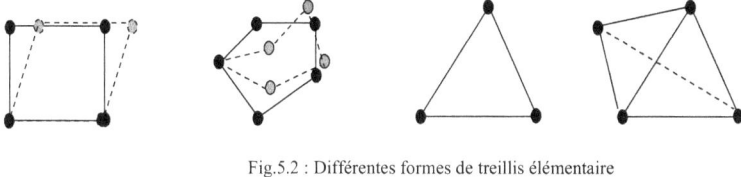

Fig.5.2 : Différentes formes de treillis élémentaire

a) b) c) d)

Le triangle est donc la cellule de base de tout treillis plan. De même le tétraèdre de la figure 5.2d constitue une structure rigide et constitue comme la précédente la cellule de base d'une structure spatiale stable. On peut ainsi former un treillis de n'importe quelle taille en ajoutant au triangle de base successivement deux barres ou au tétraèdre de base trois barres. Un treillis est donc une structure constituée d'un assemblage de triangles ou tétraèdres et montée sur un certain nombre d'appuis.

5.3 Classification des systèmes triangulés

Dès lors que les barres sont par hypothèse soit tendues soit comprimées, chaque barre constitue un système de deux forces, représentant des inconnues internes. Le nombre total d'inconnues dans une structure treillis est par conséquent égal au nombre de barres (**b**) auquel il faut ajouter le nombre de réactions aux différents appuis. En plan **r=3**, soit deux translations et une rotation bloqués, et en espace **r=6**, soit trois translations et trois rotations bloqués). On peut donc écrire que le nombre d'inconnues dans une structure treillis est **b+r**. Si le treillis est en équilibre, chacune de ses sous-structures sera en équilibre. Si elle a **n** nœuds, on peut la décomposer en **n** sous-structures, l'équilibre de chacune étant garantie par un système de deux équations pour les treillis plan et trois pour les treillis spatiaux. On a donc **2n** (en plan) ou **3n** (en espace) équations indépendantes pour **b+r** inconnues. Il devient alors possible de définir un critère pour la stabilité statique et le degré d'hyperstaticité de la structure, en comptant tout simplement les inconnues et le nombre total d'équations. Ainsi, si :

Pour les structures planes :
- **b+r < 2n**, le système est statiquement instable, il y a plus d'équations que d'inconnues ;
- **b+r = 2n**, le système est stable et isostatique, il y a autant d'inconnues que d'équations ;
- **b+r > 2n**, le système est hyperstatique indéterminé, il y a plus d'inconnues que d'équations

Pour les structures spatiales
- **b+r < 3n**, le système est statiquement instable, il y a plus d'équations que d'inconnues ;
- **b+r = 3n**, le système est stable et isostatique, il y a autant d'inconnues que d'équations ;
- **b+r > 3n**, le système est hyperstatique, il y a plus d'inconnues que d'équations

5.4 Etude des réseaux plans particuliers

5.4.1. Réseaux libres

Ce sont des systèmes indépendants d'un repère fixe. Leur stabilité ne dépend pas des liaisons externes.

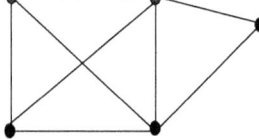 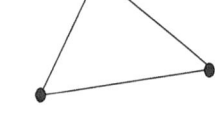

Fig. 5.3 : Exemples de réseaux libres

5.4.2 Réseaux liés

Ce sont des systèmes dont la stabilité dépend des liaisons externes.

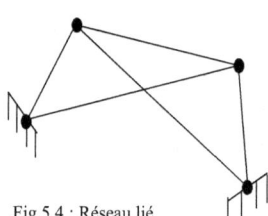

5.4.3. Réseaux stricts

Fig.5.4 : Réseau lié

Ce sont des systèmes pour lesquels la suppression d'une barre les transforme en mécanisme.

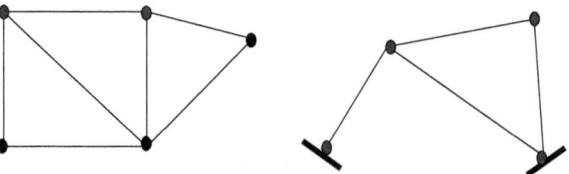

Fig.5.5 : Réseaux stricts

5.4.4. Réseaux surabondants

Pour rendre ces réseaux stricts il faut en supprimer une ou plusieurs barres. On les appelle aussi treillis hyperstatiques.

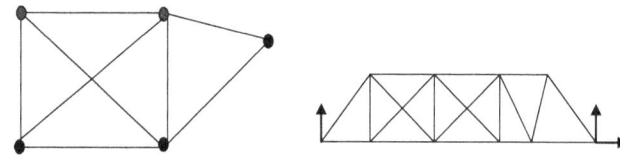

Fig. 5.6 : Réseau surabondant

5.4.5 Détermination des efforts dans les barres

5.4.5.1. Equilibre des nœuds.

Le problème posé par les treillis en général est celui du calcul des efforts normaux dans toutes les barres. Dans un repère (O, i, j, k) associé à la structure, les barres étant soumises chacune à un effort uniaxial, chaque force peut être représentée en fonction de ses coordonnées. Si A et B sont les nœuds encadrant la barre AB, la force dans la barre peut être reliée aux coordonnées des nœuds par la relation :

$$\vec{F}_{AB} = F_{AB} \frac{\overrightarrow{AB}}{\left\|\overrightarrow{AB}\right\|}$$

La méthode d'équilibre des nœuds consiste à :
- déterminer les inconnues de liaison par l'étude de l'équilibre global de la structure ;
- isoler un nœud du treillis en coupant les barres qui y aboutissent puis en les remplaçant d'après le principe des actions mutuelles par leur effet respectif sur le nœud considéré ; (il est conseillé de commencer l'analyse par un nœud connecté au plus à deux barres en plan ou à trois barres en espace) ;
- écrire les équations d'équilibre de ce nœud.

Exemple1

Déterminer les réactions aux appuis ainsi que les efforts dans les barres de la structure suivant :

$\hat{A} = \alpha$
$\hat{C} = \beta$
$B = \pi - (\alpha + \beta)$

L=AB=l_1+l_2 = h(cotgα+cotgβ)

On a 3 barres, 3 noeuds et 3 inconnues de liaison. Soit

B+r=2n

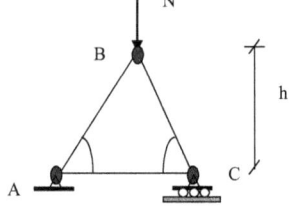

Détermination des réactions aux appuis

R_{Ax}+0=0

R_{Ay}+R_{By}-N=0

Nhcotgα-h(cotgα+cotgβ)R_B=0 soit $\begin{vmatrix} R_B = \dfrac{N \cot g\alpha}{\cot g\alpha + \cot g\beta} \\ R_{Ay} = \dfrac{N \cot g\beta}{\cot g\alpha + \cot g\beta} \\ R_{Ax} = 0 \end{vmatrix}$

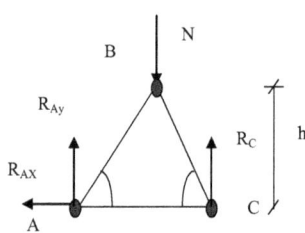

Isolation des noeuds

Noeud A

Equations d'équilibre

$N_{C/A}$+$N_{B/A}$ cosα=0

R_A+$N_{B/A}$ sinα=0   soit $\begin{vmatrix} N_{B/A} = -\dfrac{R_{Ay}}{\sin \alpha} \\ = -\dfrac{N \cot g\beta}{\sin a(\cot g\alpha + \cot g\beta)} \\ N_{C/A} = -N_{B/A} \cos \alpha \\ = \dfrac{N \cot g\beta \cos \alpha}{\sin a(\cot g\alpha + \cot g\beta)} \end{vmatrix}$

On peut aussi écrire les équations d'équilibre sous la forme:

$\begin{pmatrix} -1 & \cos\beta \\ 0 & \sin\beta \end{pmatrix} \begin{pmatrix} N_{A/C} \\ N_{B/C} \end{pmatrix} + \begin{pmatrix} 0 \\ R_B \end{pmatrix} = \begin{pmatrix} 0 \\ 0 \end{pmatrix}$

Nœud B

Equations d'équilibre

-$N_{A/B}$ cosα+$N_{C/B}$ cosβ=0 soit

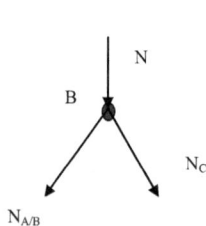

-N-$N_{A/B}$ sinα-$N_{C/B}$ sinβ=0

On peut aussi écrire sous forme matricielle

$$\begin{pmatrix} -\cos\alpha & \cos\beta \\ -\sin\alpha & -\sin\beta \end{pmatrix} \begin{pmatrix} N_{A/B} \\ N_{C/B} \end{pmatrix} + \begin{pmatrix} 0 \\ -N \end{pmatrix} = \begin{pmatrix} 0 \\ 0 \end{pmatrix} \text{ soit } \left| \begin{array}{l} N_{AB} = -N\dfrac{\cos\beta}{\sin(\alpha+\beta)} \\ N_{C/B} = -N\dfrac{\cos\alpha}{\sin(\alpha+\beta)} \end{array} \right.$$

Nœud C
Equations d'équilibre

-$N_{A/C}$-$N_{B/C}$ cosβ=0
R_B+$N_{B/C}$ sinβ=0

Soit

$$\begin{pmatrix} -1 & -\cos\beta \\ 0 & \sin\beta \end{pmatrix} \begin{pmatrix} N_{A/C} \\ N_{B/C} \end{pmatrix} + \begin{pmatrix} 0 \\ R_B \end{pmatrix} = \begin{pmatrix} 0 \\ 0 \end{pmatrix} \text{ soit } \left| \begin{array}{l} N_{A/C} = -R_B \cot g\beta \\ \quad = -N\dfrac{\cos\alpha \sin\beta}{\sin(\alpha+\beta)} \\ N_{B/C} = -\dfrac{R_B}{\sin\beta} \\ \quad = -N\dfrac{\cos\alpha}{\sin(\alpha+\beta)} \end{array} \right.$$

Applications numériques

N=10kN, h=1m, α=30°, β=45°

$$\left| \begin{array}{l} R_B = \dfrac{N \cot g\alpha}{\cot g\alpha + \cot g\beta} = \dfrac{10 \cot 30°}{\cot g 30° + \cot g 45°} = 6.34 kN \\ R_{Ax} = \dfrac{N \cot g\beta}{\cot g\alpha + \cot g\beta} = \dfrac{10 \cot g 45°}{\cot g 30° + \cot g 45°} = 3.66 kN \end{array} \right.$$

$$\left| N_{B/A} = -\dfrac{R_A}{\sin\alpha} = -\dfrac{3.66}{\sin 30°} = -7.32 kN \right.$$

$N_{C/A} = -N_{B/A} \cos\alpha = 7.32 \times \cos 30° = 6.33 kN$

$$\left| \begin{array}{l} N_{A/B} = -N\dfrac{\cos\beta}{\sin(\alpha+\beta)} = -10\dfrac{\cos 45°}{\sin(30°+45°)} = -7.32 kN \\ N_{C/B} = -N\dfrac{\cos\alpha}{\sin(\alpha+\beta)} = -10\dfrac{Cos 30}{\sin(30°+45°)} = -8.96 kN \end{array} \right.$$

On note que AC est tendue alors que AB et BC sont des barres comprimées.

Exemple 2

En négligeant les composantes horizontales des réactions aux appuis, déterminer les efforts dans la structure ci-dessous.

On a n=4, b=6, r=6

La structure a 6 barres et quatre nœuds, soit b+6=3n. Elle est donc isostatique. La résolution de ce problème passe par trois étapes :

Recherche des coordonnées des nœuds :

$$A\begin{pmatrix}0\\0\\0\end{pmatrix} ; B\begin{pmatrix}a\\0\\0\end{pmatrix} ; C\begin{pmatrix}a/2\\(\sqrt{3}/2)a\\0\end{pmatrix} ; D\begin{pmatrix}a/2\\(\sqrt{3}/6)a\\h\end{pmatrix}$$

Recherche des directions des forces dans les barres:

$$\vec{AB} = \begin{pmatrix}a\\0\\0\end{pmatrix} ; \vec{AC} = \begin{pmatrix}\frac{a}{2}\\(\sqrt{3}/2)a\\0\end{pmatrix} ; \vec{AD} = \begin{pmatrix}\frac{a}{2}\\(\sqrt{3}/6)a\\h\end{pmatrix} ; \vec{BC} = \begin{pmatrix}\frac{-a}{2}\\(\sqrt{3}/2)a\\0\end{pmatrix} ;$$

$$\vec{BD} = \begin{pmatrix}\frac{-a}{2}\\(\sqrt{3}/6)a\\h\end{pmatrix} ; \vec{CD} = \begin{pmatrix}0\\-(\sqrt{3}/3)a\\h\end{pmatrix}$$

Les vecteurs directeurs ainsi que les vecteurs force associés à ces directions sont :

$$\vec{u}_{AB} = \frac{\overrightarrow{AB}}{\|AB\|} = \vec{i} \text{ et } \vec{F}_{AB} = F_{AB}\vec{u}_{AB};$$

$$\vec{u}_{AC} = \frac{\overrightarrow{AC}}{\|AC\|} = \frac{a}{2}(\vec{i} + \sqrt{3}\vec{j}) \text{ et } \vec{F}_{AC} = F_{AC}\vec{u}_{AC}$$

$$\vec{u}_{AD} = \frac{\overrightarrow{AD}}{\|AD\|} = \frac{\sqrt{3}a\vec{i} + a\vec{j} + 2\sqrt{3}h\vec{k}}{2\sqrt{a^2 + 3h^2}} \text{ et } \vec{F}_{AD} = F_{AD}\vec{u}_{AD}$$

$$\vec{u}_{BC} = \frac{\overrightarrow{BC}}{\|BC\|} = \frac{a}{2}(-\vec{i} + \sqrt{3}\vec{j}) \text{ et } \vec{F}_{BC} = F_{BC}\vec{u}_{BC}$$

$$\vec{u}_{BD} = \frac{\overrightarrow{BD}}{\|BD\|} = \frac{-\sqrt{3}a\vec{i} + a\vec{j} + 2\sqrt{3}h\vec{k}}{2\sqrt{a^2 + 3h^2}} \text{ et } \vec{F}_{BD} = F_{BD}\vec{u}_{BD}$$

$$\vec{u}_{CD} = \frac{\overrightarrow{CD}}{\|CD\|} = \frac{-a\vec{j} + \sqrt{3}h\vec{k}}{\sqrt{a^2 + 3h^2}} \text{ et } \vec{F}_{CD} = F_{CD}\vec{u}_{CD}$$

Equations d'équilibre des nœuds

Nœud D :

$$\vec{N} + \vec{F}_{DA} + \vec{F}_{DB} + \vec{F}_{DC} = \vec{0} \tag{1}$$

$$-N\vec{k} - F_{DA}\vec{u}_{AD} - F_{DB}\vec{u}_{BD} - F_{DC}\vec{u}_{CD} = \vec{0}$$

$$-N\vec{k} - \frac{1}{2\sqrt{a^2+3h^2}} F_{DA}\left[\sqrt{3}a\vec{i} + 3a\vec{j} + 2\sqrt{3}h\vec{k}\right] - \frac{1}{2\sqrt{a^2+3h^2}} F_{DB}\left[-\sqrt{3}a\vec{i} + 3a\vec{j} + 2\sqrt{3}h\vec{k}\right] - \frac{F_{DC}1}{\sqrt{a^2+3h^2}}\left[-a\vec{j} + \sqrt{3}h\vec{k}\right] = \vec{0}$$
(2)

La projection sur les axes de coordonnées donne :

$$-\frac{1}{2\sqrt{a^2+3h^2}} F_{DA}\left[\sqrt{3}a\vec{i}\right] - \frac{1}{2\sqrt{a^2+3h^2}} F_{DB}\left[-\sqrt{3}a\vec{i}\right] = \vec{0} \tag{3}$$

On a $F_{DA} = F_{DB}$

$$-\frac{1}{2\sqrt{a^2+3h^2}} F_{DA}\left[a\vec{j}\right] - \frac{1}{2\sqrt{a^2+3h^2}} F_{DB}\left[a\vec{j}\right] - \frac{F_{DC}}{\sqrt{a^2+3h^2}}\left[-a\vec{j}\right] = \vec{0} \tag{4}$$

On trouve

$F_{DC} = F_{DB} = F_{DA}$

$$-N\vec{k} - \frac{1}{2\sqrt{a^2+3h^2}} F_{DA}\left[2\sqrt{3}h\right] - \frac{1}{2\sqrt{a^2+3h^2}} F_{DB}\left[2\sqrt{3}h\vec{k}\right] - \frac{F_{DC}}{\sqrt{a^2+3h^2}}\left[\sqrt{3}h\vec{k}\right] = \vec{0} \tag{5}$$

$$-(2\sqrt{a^2+3h^2})N\vec{k} - F_{DA}[2\sqrt{3}h] - F_{DB}[2\sqrt{3}h\vec{k}] - 2F_{DC}[\sqrt{3}h\vec{k}] = \vec{0}$$

$$(\sqrt{a^2+3h^2})N\vec{k} + 3F_{DA}[\sqrt{3}h]$$

$$F_{DA} = F_{DC} = F_{DB} = -\frac{\sqrt{a^2+3h^2})N}{3\sqrt{3}h}$$

Nœud A

$$\vec{R}_A + \vec{F}_{AB} + \vec{F}_{AC} + \vec{F}_{AD} = \vec{0}$$

$$\vec{R}_A + F_{AB}\vec{u}_{AB} + F_{AC}\vec{u}_{AC} + F_{AD}\vec{u}_{AD} = \vec{0}$$

$$R_{Ax}\vec{i} + R_{Ay}\vec{j} + R_{Az}\vec{k} + F_{AB}\vec{i} + \frac{1}{2}F_{AC}[\vec{i}+\sqrt{3}\vec{j}] + F_{AD}[\frac{\sqrt{3}a\vec{i}+a\vec{j}+2\sqrt{3}h\vec{k}}{2\sqrt{a^2+3h^2}}] = \vec{0}$$

Projection sur les axes

$$R_{Ax}\vec{i} + F_{AB}\vec{i} + \frac{1}{2}F_{AC}[\vec{i}] + F_{AD}[\frac{\sqrt{3}a\vec{i}}{2\sqrt{a^2+3h^2}}] = \vec{0}$$

$$R_{Ay}\vec{j} + \frac{1}{2}F_{AC}[\sqrt{3}\vec{j}] + F_{AD}[\frac{a\vec{j}}{2\sqrt{a^2+3h^2}}] = \vec{0}$$

Si nous négligeons les composantes R_{Ax} et R_{Ay} on a :

$$F_{AB}\vec{i} + \frac{1}{2}F_{AC}[\vec{i}] + F_{AD}[\frac{\sqrt{3}a\vec{i}}{2\sqrt{a^2+3h^2}}] = \vec{0} \quad F_{AB} = -F_{AD}\frac{a}{\sqrt{3}\sqrt{a^2+3h^2}} = \frac{a}{h}\frac{N}{9}$$

$$\frac{1}{2}F_{AC}[\sqrt{3}\vec{j}] + F_{AD}[\frac{a\vec{j}}{2\sqrt{a^2+3h^2}}] = \vec{0} \quad F_{AC} = -F_{AD}\frac{a}{\sqrt{3}\sqrt{a^2+3h^2}} = \frac{a}{h}\frac{N}{9}$$

$$R_{Az}\vec{k} + F_{AD}\frac{2\sqrt{3}h\vec{k}}{2\sqrt{a^2+3h^2}} = \vec{0} \quad R_{Az} = -F_{AD}\frac{\sqrt{3}h}{\sqrt{a^2+3h^2}} = \frac{N}{3}$$

Par raison de symétrie on a :

$$R_{Az} = R_{Bz} = R_{Cz}$$

$$F_{BC} = F_{BA} = F_{CA}$$

Applications numériques

a) A=1m, N=20kN, h=1

$$F_{DA} = F_{DC} = F_{DB} = -\frac{\sqrt{a^2+3h^2})N}{3\sqrt{3}h} = \frac{20}{3\sqrt{3}} = -7.7N$$

$$F_{AB} = F_{AC} = F_{BD} = -F_{DA} \frac{a}{\sqrt{3}\sqrt{a^2 + 3h^2}} = \frac{20}{9} = 2.22N$$

$$R_{Az} = R_{BZ} = R_{CZ} = -F_{DA} \frac{\sqrt{3}h}{\sqrt{a^2 + 3h^2}} \frac{20}{3} = 6.66N$$

Les barres AD, BD et CD sont comprimées alors que AB, AC et BD sont tendues.

5.4.5.2. Méthode de Ritter

Dans cette méthode de résolution, on coupe la structure en deux parties 1 et 2 par une ligne arbitraire. L'étude de l'équilibre de 1 permet de déduire les forces de cohésion entre les deux parties. Ces forces de cohésion représentent les efforts dans les barres coupées. Cette méthode est intéressante lorsque l'on souhaite avoir la valeur de l'effort non pas dans toute la structure, mais dans une barre particulière.

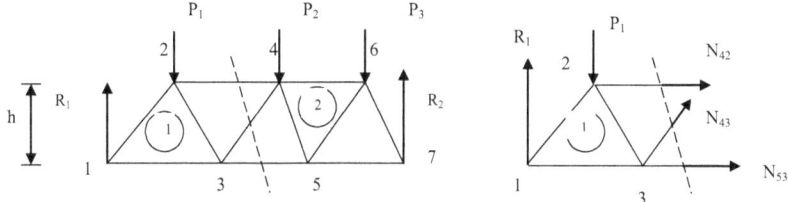

Fig. 5.8 : principe de la résolution par la méthode Ritter

Résolution de la sous-structure 1.

On suppose comme précédemment dans cette étape que l'on a déjà déterminer les réactions R_1 et R_2. Sur la structure, nous avons deux forces connues R1 et P1 et trois inconnues. On peut écrire trois équations d'équilibre :

$$\begin{cases} N_{42} + N_{53} + N_{43} \cos \alpha_{534} = 0 \\ R_1 - P_1 + N_{43} \sin \alpha_{534} = 0 \\ -R_1 l_{13} + P_1 l_{23} \cos \alpha_{132} - h N_{42} = 0 \end{cases}$$

La troisième équation représente le moment par rapport au nœud 3 des forces appliquées à 1. Le choix de ce point n'est pas gratuit. Il permet d'avoir une équation dans laquelle nous n'avons qu'une inconnue, N_{42}.

La deuxième et la troisième équation nous permettent d'avoir respectivement :

$$N_{43} = \frac{-P_1 + R_1}{\sin \alpha_{534}}$$

$$N_{42} = \frac{l_{23} \cos \alpha_{132} P_1 - l_{13} R_1}{h}$$

Et on déduit

$$N_{53} = -P_1 \left(\frac{L_{23} \cos \alpha_{132}}{h} + \frac{1}{\sin \alpha_{534}} \right) + R_1 \left(\frac{l_{13}}{h} + \frac{1}{\sin \alpha_{534}} \right)$$

Application numérique

$l_{24}=l_{46}=l_{13}=l_{35}=l_{57}=l=1.5$m ; $l_{23}=l_{45}=l_{67}$; h=1.5m ; $P_2=2P_1=2P_3=100$kN

$R_1=R_2=2P_1=P_2=100$kN

$$N_{43} = \frac{-P_1 + R_1}{\sin \alpha_{534}}$$
$$= \frac{-50 + 100}{\sin 45°} = 70.71 kN$$

$$N_{42} = \frac{l_{23} \cos \alpha_{132} P_1 - l_{13} R_1}{h}$$
$$= \frac{1.5 \cos 45° x 50 - 1.5 * 100}{1.28}$$
$$= -75.75 kN$$

$$N_{53} = -P_1 \left(\frac{L_{23} \cos \alpha_{132}}{h} + \frac{1}{\sin \alpha_{534}} \right) + R_1 \left(\frac{l_{13}}{h} + \frac{1}{\sin \alpha_{534}} \right)$$
$$= -50 \left(\frac{1.5 \cos 45}{1.28} + \frac{1}{\sin 45} \right) + 100 \left(\frac{1.5}{1.28} + \frac{1}{\sin 45} \right)$$
$$= 146.46 kN$$

A partir du signe de l'effort on peut déduire si la barre considérée est tendue ou comprimée.

Barre 42

L'effort N_{42} représente l'effet du nœud 4 sur la barre 42, le sens réel de l'effort montre que le noeud a tendance à exercer une pression sur la barre. On déduit que cette barre est comprimée.

Barre 43

N_{43} est l'effet du nœud 4 sur la barre 43. Le sens de l'effort montre que le nœud tire sur la barre. On en déduit que la barre 43 est tendue.

Une analyse similaire permet de montrer que la barre 53 est tendue.

5.4.5.3 Méthode directe de résolution

Théoriquement on peut déterminer les inconnus dans un treillis isostatique comportant n noeuds par 2n équations d'équilibre. Cette méthode consiste à :

- écrire les deux équations d'équilibre pour chaque nœud ;
- regrouper les 2n équations et mettre l'ensemble sous forme matricielle ;
- écrire entre les efforts inconnus X et les forces connues E une relation de la forme

$$DX = E$$

- déterminer les inconnus en inversant la relation ci-dessus soit :

$$X = D^{-1}E$$

Exemple1

Reprenons la structure de l'exemple1 du 5.5.1 et montrons comment déterminer les efforts par la méthode globale. Les équations d'équilibre des trois nœuds sont :

$R_{Ax} + N_{B/A} \cos\alpha + N_{C/A} = 0$

$R_{Ay} + N_{B/A} \sin\alpha = 0$

$- N_{B/A} \cos\alpha + N_{C/B} \cos\beta = 0$

$- N_{B/A} \sin\alpha - N_{C/B} \sin\beta - N = 0$

$- N_{C/B} \cos\beta - N_{C/A} = 0$

$R_C - N_{C/B} \sin\beta = 0$

Où les inconnues sont : R_{Ax}, R_{Ay}, R_C, $N_{B/A}$, $N_{C/B}$ et $N_{C/A}$

En réorganisant ces équations en fonction des inconnues, et en se rappellant que $N_{ij} = -N_{ji}$, on a le système suivant :

$R_{Ax} + 0R_{Ay} + 0R_C + N_{B/A}\cos\alpha + 0N_{C/B} + N_{C/A} = 0$

$0R_{Ax} + R_{Ay} + 0R_C + N_{B/A}\sin\alpha + 0N_{C/B} + 0N_{C/A} = 0$

$0R_{Ax} + 0R_{Ay} + 0R_C - N_{B/A}\cos\alpha + N_{C/B}\cos\beta + 0N_{C/A} = 0$

$0R_{Ax} + 0R_{Ay} + 0R_C - N_{B/A}\sin\alpha - N_{C/B}\sin\beta + 0N_{C/A} - N = 0$

$0R_{Ax} + 0R_{Ay} + 0R_C + 0N_{B/A} - N_{C/A}\cos\beta - N_{C/A} = 0$

$0R_{Ax} + 0R_{Ay} + R_C + 0N_{B/A} - N_{C/B}\sin\beta + 0N_{C/A} = 0$

système qui peut se mettre sous forme matricielle :

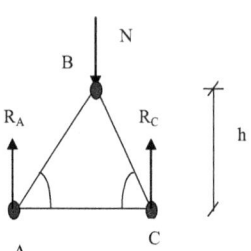

$$\begin{pmatrix} 1 & 0 & 0 & \cos\alpha & 0 & 1 \\ 0 & 1 & 0 & 0 & 0 & \sin\alpha \\ 0 & 0 & 0 & \cos\alpha & \cos\beta & 0 \\ 0 & 0 & 0 & \sin\alpha & -\sin\beta & 0 \\ 0 & 0 & 0 & 0 & \cos\beta & 1 \\ 0 & 0 & 1 & 0 & -\sin\beta & 0 \end{pmatrix} \begin{pmatrix} R_{Ax} \\ R_{Ay} \\ R_C \\ N_{B/A} \\ N_{C/B} \\ N_{C/A} \end{pmatrix} = \begin{pmatrix} 0 \\ 0 \\ 0 \\ N \\ 0 \\ 0 \end{pmatrix}$$

$$\begin{vmatrix} 1 & 0 & 0 & \cos\alpha & 0 & 1 \\ 0 & 1 & 0 & 0 & 0 & \sin\alpha \\ 0 & 0 & 0 & \cos\alpha & \cos\beta & 0 \\ 0 & 0 & 0 & \sin\alpha & -\sin\beta & 0 \\ 0 & 0 & 0 & 0 & \cos\beta & 1 \\ 0 & 0 & 1 & 0 & -\sin\beta & 0 \end{vmatrix} = 1 \times \begin{vmatrix} 1 & 0 & 0 & 0 & \sin\alpha \\ 0 & 0 & \cos\alpha & \cos\beta & 0 \\ 0 & 0 & \sin\alpha & -\sin\beta & 0 \\ 0 & 0 & 0 & \cos\beta & 1 \\ 0 & 1 & 0 & -\sin\beta & 0 \end{vmatrix} = 1 \times \begin{vmatrix} 0 & \cos\alpha & \cos\beta & 0 \\ 0 & \sin\alpha & -\sin\beta & 0 \\ 0 & 0 & 0 & 1 \\ 1 & 0 & -\sin\beta & 0 \end{vmatrix} = -1 \times \begin{vmatrix} \cos\alpha & \cos\beta & 0 \\ \sin\alpha & -\sin\beta & 0 \\ 0 & \cos\beta & 1 \end{vmatrix}$$

$\sin(\alpha + \beta)$

$$\Delta R_{Ax} = \begin{vmatrix} 0 & 0 & 0 & \cos\alpha & 0 & 1 \\ 0 & 1 & 0 & 0 & 0 & \sin\alpha \\ 0 & 0 & 0 & \cos\alpha & \cos\beta & 0 \\ N & 0 & 0 & \sin\alpha & -\sin\beta & 0 \\ 0 & 0 & 0 & 0 & \cos\beta & 1 \\ 0 & 0 & 1 & 0 & -\sin\beta & 0 \end{vmatrix} = -N \times \begin{vmatrix} 0 & 0 & \cos\alpha & 0 & 1 \\ 1 & 0 & 0 & 0 & \sin\alpha \\ 0 & 0 & \cos\alpha & \cos\beta & 0 \\ 0 & 0 & 0 & \cos\beta & 1 \\ 0 & 1 & 0 & -\sin\beta & 0 \end{vmatrix} = N \times 1 \times \begin{vmatrix} 0 & \cos\alpha & 0 & 1 \\ 0 & \cos\alpha & \cos\beta & 0 \\ 0 & 0 & \cos\beta & 1 \\ 1 & 0 & -\sin\beta & 0 \end{vmatrix} = -N \times 1 \times \begin{vmatrix} \cos\alpha & 0 \\ \cos\alpha & \cos\beta \\ 0 & \cos\beta \end{vmatrix}$$

Exemple 2

Reprenons la structure de l'exemple 2 du 5.5.1 et montrons comment déterminer les efforts par la méthode globale. Les équations d'équilibre des quatre nœuds sont :

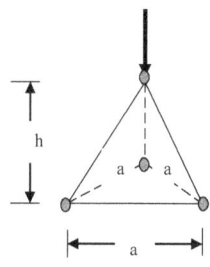
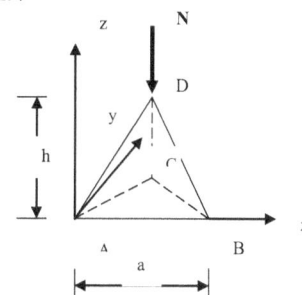

$\vec{R}_A + \vec{F}_{AB} + \vec{F}_{AC} + \vec{F}_{AD} = \vec{0}$
$\vec{R}_B + \vec{F}_{BA} + \vec{F}_{BC} + \vec{F}_{BD} = \vec{0}$
$\vec{R}_C + \vec{F}_{CA} + \vec{F}_{CB} + \vec{F}_{CD} = \vec{0}$
$\vec{N} + \vec{F}_{DA} + \vec{F}_{DB} + \vec{F}_{DC} = \vec{0}$

Comme $\vec{F}_{ij} = -\vec{F}_{ji}$ ces équations deviennent :

$\vec{R}_A + \vec{F}_{AB} + \vec{F}_{AC} + \vec{F}_{AD} = \vec{0}$
$\vec{R}_B - \vec{F}_{AB} + \vec{F}_{BC} + \vec{F}_{BD} = \vec{0}$
$\vec{R}_C - \vec{F}_{AC} - \vec{F}_{BC} + \vec{F}_{CD} = \vec{0}$
$\vec{N} - \vec{F}_{AD} - \vec{F}_{BD} - \vec{F}_{CD} = \vec{0}$

En introduisant les vecteurs directeurs dans les équations d'équilibre on a :

$\vec{R}_A + F_{AB}\vec{u}_{AB} + F_{AC}\vec{u}_{AC} + F_{AD}\vec{u}_{AD} = \vec{0}$
$\vec{R}_B - F_{AB}\vec{u}_{AB} + F_{BC}\vec{u}_{AC} + F_{BD}\vec{u}_{BD} = \vec{0}$
$\vec{R}_C - F_{AC}\vec{u}_{AC} - F_{BC}\vec{u}_{BC} + F_{CD}\vec{u}_{CD} = \vec{0}$
$\vec{N} - F_{AD}\vec{u}_{AD} - F_{BD}\vec{u}_{BD} - F_{CD}\vec{u}_{CD} = \vec{0}$

$$\vec{R}_A + F_{AB}\vec{i} + F_{AC}\frac{a}{2}(\vec{i}+\sqrt{3}\vec{j}) + F_{AD}\frac{\sqrt{3}a\vec{i}+a\vec{j}+2\sqrt{3}h\vec{k}}{2\sqrt{a^2+3h^2}} = \vec{0}$$

$$\vec{R}_B - F_{AB}\vec{i} + F_{BC}\frac{a}{2}(-\vec{i}+\sqrt{3}\vec{j}) + F_{BD}\frac{-\sqrt{3}a\vec{i}+a\vec{j}+2\sqrt{3}h\vec{k}}{2\sqrt{a^2+3h^2}} = \vec{0}$$

$$\vec{R}_C - F_{AC}\frac{a}{2}(\vec{i}+\sqrt{3}\vec{j}) - F_{BC}\frac{a}{2}(-\vec{i}+\sqrt{3}\vec{j}) + F_{CD}\frac{a\vec{j}+\sqrt{3}h\vec{k}}{2\sqrt{a^2+3h^2}} = \vec{0}$$

$$\vec{N} - F_{AD}\frac{\sqrt{3}a\vec{i}+a\vec{j}+2\sqrt{3}h\vec{k}}{2\sqrt{a^2+3h^2}} - F_{BD}\frac{-\sqrt{3}a\vec{i}+a\vec{j}+2\sqrt{3}h\vec{k}}{2\sqrt{a^2+3h^2}} - F_{CD}\frac{a\vec{j}+\sqrt{3}h\vec{k}}{2\sqrt{a^2+3h^2}} = \vec{0}$$

$$(R_{Ax} + F_{AB} + \frac{a}{2}F_{AC} + \frac{\sqrt{3}a}{2\sqrt{a^2+3h^2}}F_{AD})\vec{i} + (R_{Ay} + \frac{a}{2}\sqrt{3}F_{AC} + \frac{a}{2\sqrt{a^2+3h^2}}F_{AD})\vec{j} + (R_{AZ} + \frac{2\sqrt{3}h}{2\sqrt{a^2+3h^2}}F_{AD})\vec{k} = \vec{0}$$

$$(R_{Bx} - F_{AB} - \frac{a}{2}F_{BC} + \frac{-\sqrt{3}a}{2\sqrt{a^2+3h^2}}F_{BD})\vec{i} + (R_{By} + \frac{a}{2}\sqrt{3}F_{BC} + \frac{a\vec{j}}{2\sqrt{a^2+3h^2}}F_{BD})\vec{j} + (R_{Bz} + \frac{\sqrt{3}h}{\sqrt{a^2+3h^2}}F_{BD})\vec{k} = \vec{0}$$

$$(R_{Cx} - \frac{a}{2}F_{AC} + \frac{a}{2}F_{BC})\vec{i} - (R_{Cy} + \frac{a}{2}\sqrt{3}F_{AC} + \frac{\sqrt{3}}{2}aF_{BC} + \frac{a}{2\sqrt{a^2+3h^2}}F_{CD})\vec{j} + (R_{CZ} + \frac{\sqrt{3}h}{2\sqrt{a^2+3h^2}}F_{CD})\vec{k} = \vec{0}$$

$$\frac{-\sqrt{3}aF_{AD}+\sqrt{3}aF_{BD}}{2\sqrt{a^2+3h^2}}\vec{i} + (\frac{-aF_{AD}-aF_{BD}-aF_{CD}}{2\sqrt{a^2+3h^2}})\vec{j} + (N - \frac{\sqrt{3}hF_{CD}}{2\sqrt{a^2+3h^2}})\vec{k}$$

$$(R_{Ax} + F_{AB} + \frac{a}{2}F_{AC} + \frac{\sqrt{3}a}{2\sqrt{a^2+3h^2}}F_{AD}) = 0$$

$$(R_{Ay} + \frac{a}{2}\sqrt{3}F_{AC} + \frac{a}{2\sqrt{a^2+3h^2}}F_{AD})\vec{j} = 0$$

$$(R_{Az} + \frac{2\sqrt{3}h}{2\sqrt{a^2+3h^2}}F_{AD}) = 0$$

$$(R_{Bx} - F_{AB} - \frac{a}{2}F_{BC} + \frac{-\sqrt{3}a}{2\sqrt{a^2+3h^2}}F_{BD}) = 0$$

$$(R_{By} + \frac{a}{2}\sqrt{3}F_{BC} + \frac{a\vec{j}}{2\sqrt{a^2+3h^2}}F_{BD}) = 0$$

$$(R_{Bz} + \frac{\sqrt{3}h}{\sqrt{a^2+3h^2}}F_{BD}) = 0$$

$$(R_{Cx} - \frac{a}{2}F_{AC} + \frac{a}{2}F_{BC}) = 0$$

$$-(-R_{Cy} + \frac{a}{2}\sqrt{3}F_{AC} + \frac{\sqrt{3}}{2}aF_{BC} + \frac{a}{2\sqrt{a^2+3h^2}}F_{CD}) = 0$$

$$(R_{Cz} + \frac{\sqrt{3}h}{2\sqrt{a^2+3h^2}}F_{CD}) = 0$$

$$\frac{-\sqrt{3}aF_{AD} + \sqrt{3}aF_{BD}}{2\sqrt{a^2+3h^2}} = 0$$

$$(\frac{-aF_{AD} - aF_{BD} - aF_{CD}}{2\sqrt{a^2+3h^2}}) = 0$$

$$(N - \frac{\sqrt{3}hF_{CD}}{2\sqrt{a^2+3h^2}}) = 0$$

En réorganisant ces équations sous forme matricielle, on retrouve un système de 12 équations à 12 inconnues, dont la solution peut être obtenue numériquement.

Exercices

E5.1. pour les structures qui suivent déterminer les efforts dans les barres ainsi que les réactions aux appuis.

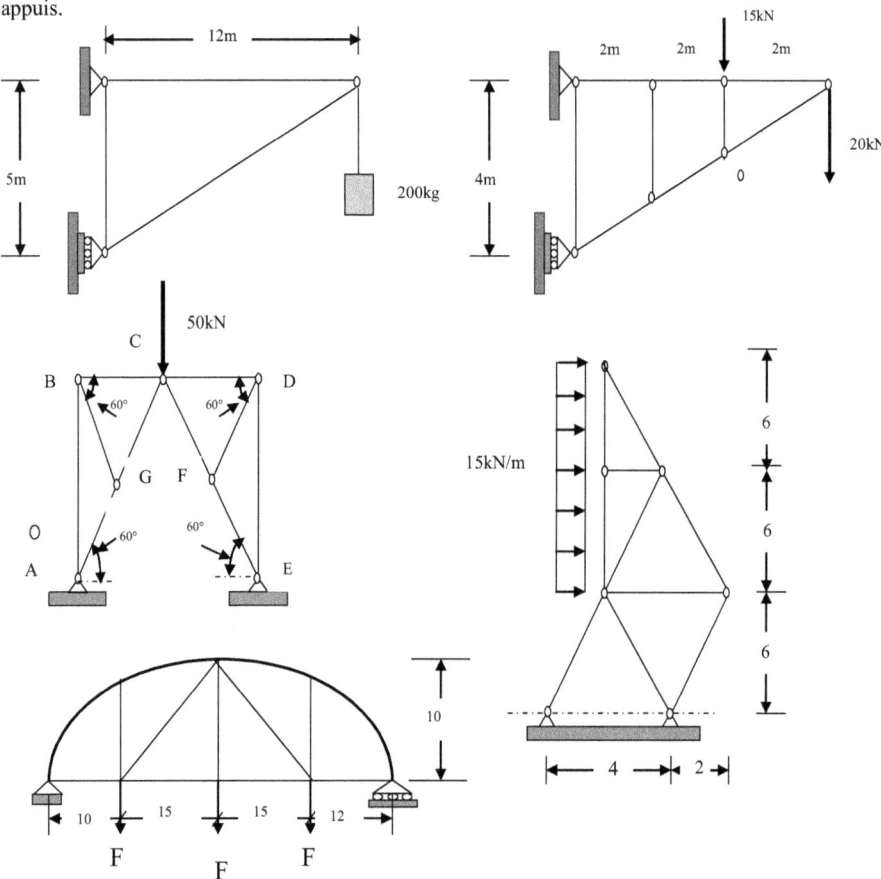

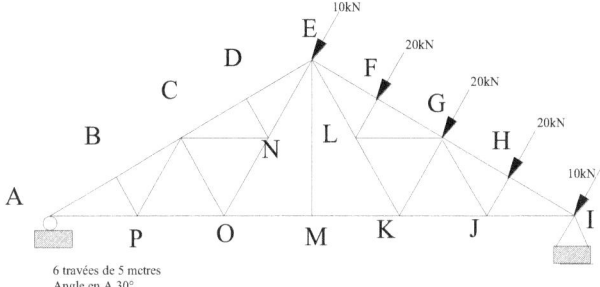

6 travées de 5 metres
Angle en A 30°

E.5.2 Démontrer que les structures ci-dessous sont stables

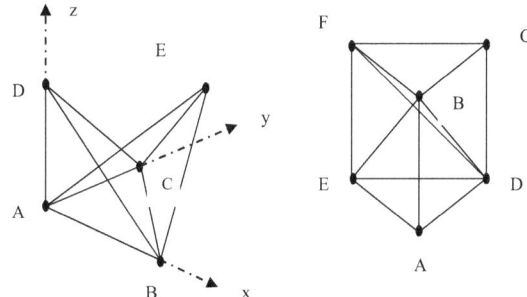

E.5.3. Une structure spatiale est conçue sous forme d'un cube à six faces comme indiquée sur la figure. Vérifier que cette structure est stable. Si elle est soumise à l'action d'une force de compression P en D et F, déterminer les efforts dans les différentes barres.

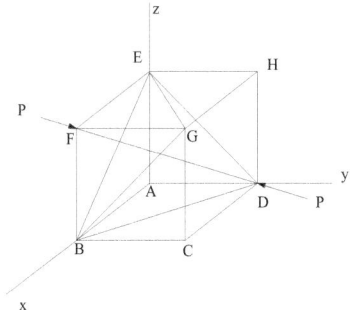

E.5.4. Déterminer les efforts dans la structure ABCDE, soumise à force P

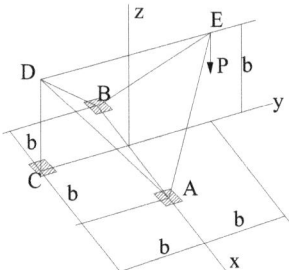

E.5.5 La structure ABCDEF est constituée barre rigide ABC, soutenue par deux tirants, DC et EC. Elle est soumise en B à l'action d'une charge de 2000kN retenue par un câble encré en F et passant en B dans la gorge d'une poulie. En négligeant, le frottement au niveau de la gorge de la poulie, déterminer les efforts dans le tirant.

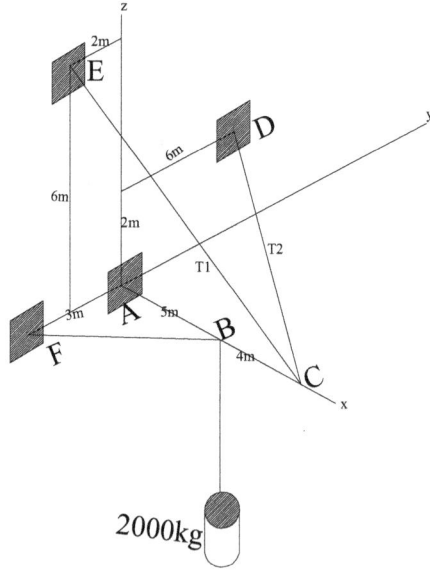

E.5.6. La structure ci-dessous représente un panneau publicitaire, retenue par deux tirants T_1 et T_2, et s'appuyant au mur en A et B. On admettra qu'en B on a appui simple conçu de telle manière que la réaction portée par l'axe y. En C le panneau est articulé sur le mur. Le poids du panneau, au niveau du centre de gravité est 100kN. Déterminer les efforts dans les deux tirants.

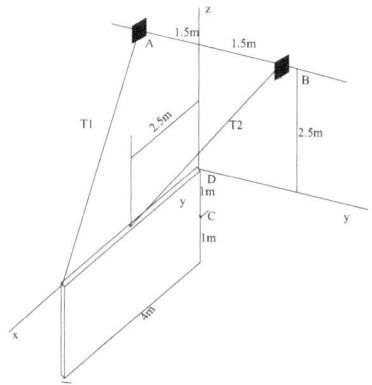

Chapitre 6 : Statique des fils et courroie de transmission

6.1. Introduction

Un câble est un élément important entrant dans les constructions civiles. On retrouve les câbles dans :
- Les engins de levage (palans, ascenseurs, grues, ponts roulants…) ;
- Les ponts (ponts suspendus, ponts à haubans) ;
- suspension de ligne de transmission SONEL, PTT ;
- tirants pour pylônes et antennes de télévision et de téléphone….
- Les lignes de transport telles que les téléphériques
- Précontrainte des structures en béton.

Les câbles sont formés de fils d'acier généralement de très haute limite élastique.

La particularité du câble est qu'il ne transmet que les efforts normaux du fait de sa flexibilité, mais peuvent supporter les efforts tant continus que ponctuels. Il est de ce fait intéressant de connaître les relations entre la tension dans le câble, sa portée. A cet effet, il convient d'écrire les équations d'équilibre, équilibre pour lequel on suppose que toute résistance à la flexion est négligeable. Le poids du câble peut être ou non négligé par rapport à la charge qu'il reçoit. Les figures a et b montrent les différentes formes de charges que peut supporter un câble.

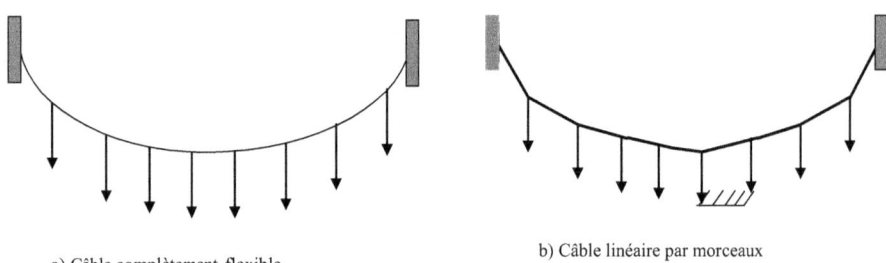

a) Câble complètement flexible

b) Câble linéaire par morceaux

Figure 6.1 : Formes de charges réparties sur un câble

6.2. Câble sous charges reparties

6.2.1. Hypothèses

- on suppose un faible déplacement ;
- la force repartie agit vers le bas parallèlement à l'axe y et est définie par mètre de longueur horizontale ;
- la charge répartie représente dans le cas des ponts le poids propre ainsi que les surcharges diverses.

6.2.2. Equations d'équilibre d'un câble

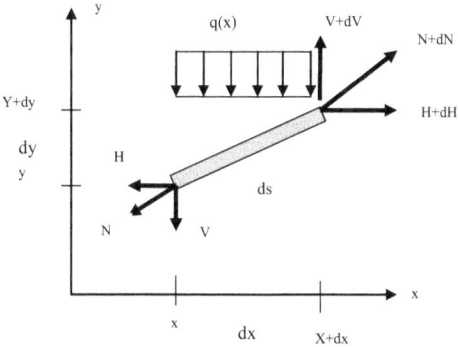

Figure 6.2 : Equilibre d'un tronçon élémentaire de câble

Equation différentielle du câble et propriété générale

$$\begin{cases} /x : -H + H + dH = 0 \\ /y : -V + V + dV - q(x)dx = 0 \end{cases}$$

La première équation montre que H=constante, c'est-à-dire que la composante horizontale de la tension est invariable le long du câble. D'autre part nous pouvons noter à partir la figure 6.2 que :

$$y' = \frac{dy}{dx} = tg\alpha = \frac{V}{H} \quad \text{d'où :}$$

$$V = H\,\text{tg}\alpha = Hy'$$

D'autre part à partir de la deuxième équation d'équilibre nous avons :

$$\frac{dV}{dx} = q(x)$$

ou :

$$H\frac{d^2 y}{dx^2} = q(x)$$

soit

$$y'' = \frac{q(x)}{H}$$

C'est l'équation différentielle du câble. La résolution de cette équation différentielle donne la forme du câble ou sa forme d'équilibre, forme qui nécessite la détermination des deux constantes d'intégration. Ces deux constantes sont déterminées en écrivant les conditions aux limites qui peuvent porter sur :
- flèche aux points d'attache ;
- dénivellation aux points d'attache ;
- pente aux points d'attache.

A partir du schéma mécanique défini sur la figure 6.2, on a :

$$N = \sqrt{H^2 + V^2}$$
$$= H\sqrt{1 + \frac{V^2}{H^2}} = H\sqrt{1 + y'^2}$$

Cette relation montre que plus le câble est incliné, plus l'effort normal devient important. Par ailleurs, la longueur du câble peut être estimée ainsi qu'il suit :

6.2.3. Calcul de la longueur d'un câble

$$ds^2 = dx^2 + dy^2$$
$$= dx\sqrt{1 + \left(\frac{dy}{dx}\right)^2}$$

$$L = \int_{x_1}^{x_1} ds$$
$$= \int_{x_1}^{x_2} \sqrt{1 + y'^2}\, dx$$

6.3. Cas d'un câble parabolique symétrique

Si nous supposons la charge q horizontalement repartie d'intensité constante c'est-à-dire $q(x) = q_0$, on a :

$y'' = \dfrac{q_0}{H}$

$y' = \dfrac{q_0}{H} x + c_1$

$y = \dfrac{q_0}{2H} x^2 + c_1 x + c_2$

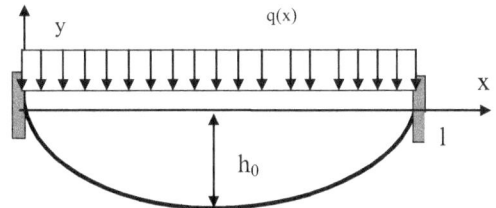

Figure 6.3 : Modèle géométrique et chargement sur un câble parabolique

Conditions aux limites :

En | $x=0$: $y=0$ (1)
    | $x=l/2$ $y'=0$ (2)
    | $x=l/2$ $y=h_0$ (2)

(1) ⟹ $c_2 = 0$

(2) ⟹ $\dfrac{q_0}{2H} l + c_1 = 0$

$c_1 = -\dfrac{q_0}{2H} l$

(3) ⟹ $h_0 = \dfrac{q_0}{2H}\left(\dfrac{l^2}{4} - \dfrac{l^2}{2}\right)$

$= -\dfrac{q_0}{8H} l^2$

soit : $\boxed{H = -\dfrac{q_0 l^2}{8h_0}}$ $\qquad$ $\boxed{V(x) = Hy' = -\dfrac{q_0 l^2}{8h_0} y'}$

$$y'' = \frac{q_0}{H} = -\frac{8h_0}{l^2}$$

$$y' = \frac{q_0}{H}x + c_1 = \frac{8h_0}{l^2}\left(x - \frac{l}{2}\right)$$

$$y' = \frac{8h_0}{l}\left(\frac{x}{l} - \frac{1}{2}\right)$$

$$y = \frac{q_0}{2H}x^2 - \frac{q_0}{2H}lx = \frac{4h_0}{l}\left(\frac{x}{l} - \left(\frac{x}{l}\right)^2\right)$$

L'effort normal agissant sur le câble est donc :

$$N = H\sqrt{1 + \frac{V^2}{H^2}} = H\sqrt{1 + \left(\frac{8h_0}{l}\left(x - \frac{l}{2}\right)\right)^2} = H\sqrt{1 + \left(\frac{8h_0}{l}\left(\frac{x}{l} - \frac{1}{2}\right)\right)^2}$$

$$V(x) = Hy' = H\frac{8h_0}{l}\left(\frac{x}{l} - \frac{1}{2}\right)$$
$$= -q_0 l\left(\frac{x}{l} - \frac{1}{2}\right)$$
$\qquad\qquad$ $\boxed{V(x) = -q_0 l\left(\dfrac{x}{l} - \dfrac{1}{2}\right)}$

On peut remarquer que, si la composante horizontale de la tension dans le câble est constante, la tension N décroit au fur et à mesure que l'on s'éloigne du point d'attache où elle est maximale et vaut :

$$N_{max} = H\sqrt{1 + \frac{V_{max}^2}{H^2}} = -\frac{q_0 l^2}{8h_0}\sqrt{1 + \left(\frac{4h_0}{l}\right)^2}$$

$$V_{max} = V(0) = -\frac{q_0}{2}l$$

La demi longueur de câble est obtenue en calculant la longueur en curviligne à partir de l'élément différentiel :

$$\frac{\lambda}{2} = \int_0^{\frac{l}{2}} ds$$

$$= \int_0^{\frac{l}{2}} \sqrt{1 + y'^2}\, dx$$

$$\lambda = 2\int_0^{\frac{l}{2}} \sqrt{1 + \left(\frac{8h_0}{l}\left(\frac{x}{l} - \frac{1}{2}\right)\right)^2}\, dx$$

En posant : $u = \frac{8h_0}{l}\left(\frac{x}{l} - \frac{1}{2}\right)$ et $x = \frac{l^2 u}{8h_0} + \frac{l}{2}$, $du = \frac{8h_0}{l^2} dx$

$x \rightarrow 0 \quad u \rightarrow -4h_0/l$
$x \rightarrow l/2 \quad u \rightarrow 0$

$$du = \frac{8h_0}{l^2} dx$$

$$\lambda = \frac{l^2}{4h_0} \int_{-\frac{4h_0}{l}}^{0} \sqrt{1 + u^2}\, du$$

$$= \frac{l^2}{4h_0} \left[\frac{x}{2}\sqrt{1+u^2} + \frac{1}{2}\log\left(x + \sqrt{1+u^2}\right)\right]_{-\frac{4h0}{l}}^{0}$$

$$\lambda = \frac{l^2}{4h_0} \left[\frac{4h_0}{2l}\sqrt{1+\left(\frac{4h_0}{l}\right)^2} + \frac{1}{2}\log\left(\frac{4h_0}{l} + \sqrt{1+\left(\frac{4h_0}{l}\right)^2}\right)\right]$$

Lorsque le câble est surbaissé, $ds \approx dx$

$(1+y')^{1/2} \approx 1 + (1/2)y'^2$

$$\frac{\lambda}{2} - \int_0^{\frac{l}{2}} ds$$

$$= \int_0^{\frac{l}{2}} \sqrt{1 + y'^2}\, dx$$

$$\lambda = 2\int_0^{\frac{l}{2}} \sqrt{1 + \left(\frac{8h_0}{l}\left(\frac{x}{l} - \frac{1}{2}\right)\right)^2}\, dx$$

$$\approx 2\int_0^{\frac{l}{2}} \left(1 + \frac{1}{2}\left(\frac{8h_0}{l}\left(\frac{x}{l} - \frac{1}{2}\right)\right)^2\right) dx$$

Posons $u = \frac{x}{l} - \frac{1}{2}$ $x = l(u + \frac{1}{2})$ dx=ldu, $x \to 0\ u \to -\frac{1}{2}$; $x \to \frac{l}{2}$ $u \to 0$

$$\lambda \approx 2\int_{-\frac{1}{2}}^{0} \left(1 + \frac{1}{2}\left(\frac{64h_0}{l^2}u^2\right)\right) l\, du$$

$$\approx 2l\int_{-\frac{1}{2}}^{0} \left(1 + \frac{32h_0}{l^2}u^2\right) du$$

$$\approx 2l\left[u + \frac{32h_0}{3l^2}u^3\right]_{-\frac{1}{2}}^{0} = 2l\left(\frac{1}{2} + \frac{4h_{0h}^2}{3L^2}\right)$$

$$\approx L + \frac{8}{3}\frac{h_{0h}^2}{L}$$

6.4. Cas d'un câble parabolique non symétrique

On se propose de déterminer les distances c et d pour que ce câble AB soit en équilibre sous l'action de la charge q_0.

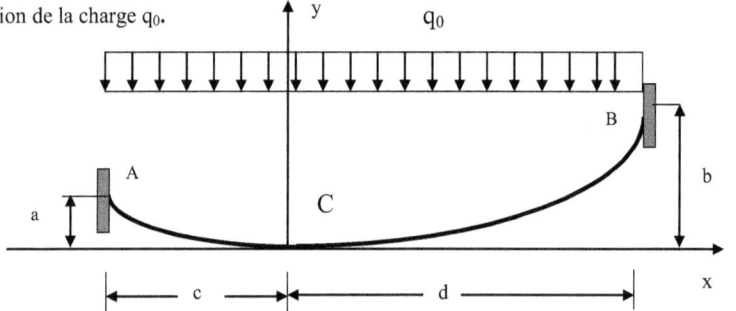

Figure 6.4 : Modèle géométrique et chargement sur un câble parabolique non symétrique

$$y'' = \frac{q_0}{H}$$

$$y' = \frac{q_0}{H}x + c_1$$

$$y = \frac{q_0}{2H}x^2 + c_1 x + c_2$$

Conditions aux limites

1. x=c y'=0
2. X=0, y=a
3. X=L, y=b

1) $\frac{q_0}{H}c + c_1 = 0$; soit $c_1 = -\frac{q_0}{H}c$

2) $c_2 = a$

3) $\frac{q_0}{2H}L^2 - \frac{q_0 c}{H}L + a = b$; $H = \frac{q_0 L(L-2c)}{2(b-a)}$

4) $\frac{q_0}{2H}c^2 - \frac{q_0}{H}c^2 + a = 0$; $c^2 = \frac{2Ha}{q_0}$ et $(b-a)c^2 + 2aLc - aL^2 = 0$

$c = \frac{-a + \sqrt{ab}}{b-a}L$ et $c = \frac{b - \sqrt{ab}}{b-a}L$ après simplification deviennent :

$c = \frac{\sqrt{a}}{\sqrt{a} + \sqrt{b}}L$ et $c = \frac{\sqrt{b}}{\sqrt{a} + \sqrt{b}}L$

6.5. Cas d'un pont suspendu

Un pont suspendu est un pont de très longue portée entre appuis dont le tablier est supporté à la fois par des câbles et des piliers. Les charges du tablier sont transmises aux piliers par l'intermédiaire des suspentes puis de câbles flexibles comme indiqué sur la figure ci-dessous. Le tablier peut en première approximation être assimilé à un caisson dont la géométrie est donnée sur la figure 6.5.

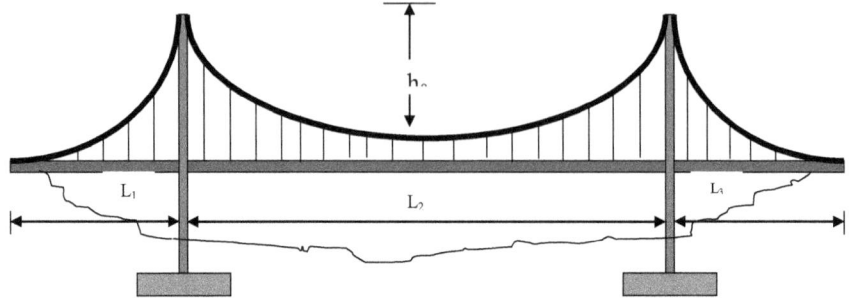

Figure 6.4 : Schématisation d'un pont suspendu.

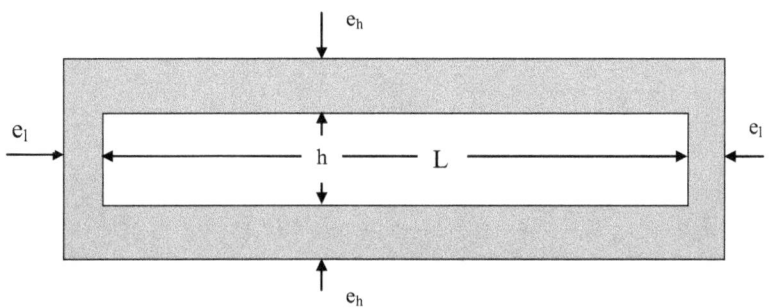

Figure 6.5 : Coupe type d'un tablier de pont suspendu

e_h, e_l épaisseur des parois du tablier ;

h hauteur intérieur du caisson

$L = l + 2e_l$

$H = h + 2e_h$

Poids propre par mètre linéaire :

$G = \gamma S = \gamma(LH - lh)$

Inertie du caisson par rapport à son centre de gravité :

$$I_x = \frac{1}{12}\left((LH^3 - lh^3)\right)$$

Inertie polaire de la section

$$I_0 = \frac{1}{12}\left((LH^3 - lh^3) + (HL^3 - hl^3)\right)$$
$$= \frac{1}{12}\left((LH(H^2 + L^2) - lh(h^2 + l^2)\right)$$

Fig. 6.6 : Pont suspendu

6.6. Câble soumis à son propre poids

Nous avons jusqu'à présent négligé le poids propre du câble par rapport aux surcharges que celui-ci supportait. Dans certains cas pratiques courants (câbles électriques, téléphoniques..) le câble supporte son propre poids. Soit g le poids propre du câble par unité de longueur. Pour un tronçon de câble de longueur curviligne ds, le poids élémentaire est gds. L'équation différentielle d'équilibre du câble devient :

$\dfrac{d^2y}{dx^2} = \dfrac{g}{H}\dfrac{ds}{dx}$ où s=f(x,y)

En écrivant $ds^2 = dx^2 + dy^2$ on obtient :

$\dfrac{d^2y}{dx^2} = \dfrac{g}{H}\sqrt{1+\left(\dfrac{dy}{dx}\right)^2}$ qui est l'équation différentielle d'équilibre de ce type de câble.

En posant $p = \dfrac{dy}{dx}$ on a : $\dfrac{dp}{\sqrt{1+p^2}} = \dfrac{g}{H}dx$

Soit :

$\ln(p + \sqrt{1+p^2}) = \dfrac{g}{H}x + k$ or pour x=0, dy/dx=p=0 donc k=0

6.7. Courroies de transmission

Lorsque la courroie tourne sur une surface, le frottement sur la surface crée une variation de la tension le long de la courroie. Si elle tourne autour d'une surface cylindrique, la tension dépendra de l'angle de contact et du coefficient de frottement entre elle et le cylindre. A cet effet considérons une portion de courroie d'ouverture dθ soumise aux actions des forces T+dT, T ΔF ΔN.

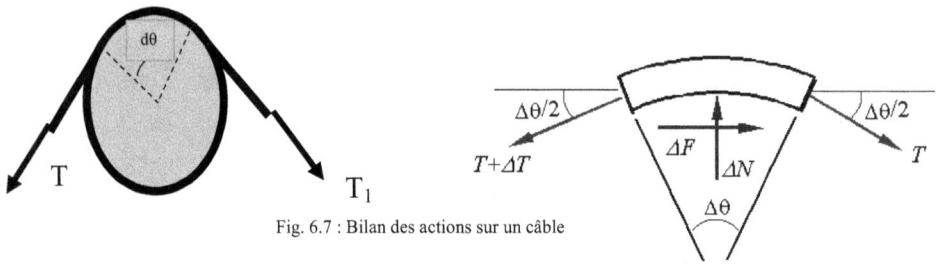

Fig. 6.7 : Bilan des actions sur un câble

L'équilibre de ce segment s'écrit:

En supposant

$$\Delta N - (T + \Delta T) \sin(\frac{\Delta \theta}{2}) - T \sin(\frac{\Delta \theta}{2}) = 0$$

$\Delta F = \mu N$,

$$\Delta F + T \cos(\frac{\Delta \theta}{2}) - (T + \Delta T) \cos(\frac{\Delta \theta}{2}) = 0$$

Et l'angle θ suffisamment faible nous pouvons écrire:

$$\frac{dN}{d\theta} = T$$

$$\frac{dN}{dT} = \frac{1}{\mu}$$

En combinant ces deux équations nous éliminons N et on a l'équation différentielle:

$$\frac{dT}{T} = \mu d\theta$$

Qui intégrée sur l'intervalle considéré donne :

$$\ln(\frac{T_2}{T_1}) = \mu \beta$$

On peut ainsi trouver une relation entre les tensions aux deux extrémités du câble: équation

$$T_2 = T_1 e^{\mu \beta}$$

Où β est l'angle de contact en radian et μ le coefficient de frottement entre la courroie et la poulie.

Exercices

E.6.1 Montrer que la forme d'équilibre d'un câble est un cercle si sa force répartie le long de l'axe du câble est de la forme $p = \dfrac{p_0}{\cos^2 \alpha}$

E.6.2 Un câble dont le poids propre est négligé a une portée de 160 mètres et une longueur de170mètres. Ses deux appuis A et B sont situés au même niveau. Il supporte une charge uniformément répartie sur l'horizontale de q_0=1kN/ml. Déterminer sa flèche y_0 ainsi que la tension minimale T_0.

E6.3 Une poutre en béton précontraint a une portée de 25mètres. Sa section est 0.35mx1.3m. Sa précontrainte est réalisée par un câble passant aux appuis à mi-hauteur, et au milieu à 5centimètres de la fibre la plus tendue. On suppose qu'elle n'est soumise qu'à son propre poids. Sachant que son poids propre est de 25kN/m3 :

a) écrire les expressions des moments fléchissants de l'effort tranchant et de l'effort normal dans une section d'abscisse x ;
b) Calculer la tension dans le câble pour que la poutre puisse résister à son propre poids ;
c) Tracer les diagrammes M, N et T de la poutre.

E.6.3 La figure ci-dessous représente la structure d'une salle multisport. La toiture est constituée d'un tissu synthétique haute résistance, fixé sur un réseau de câble espacé de 3m. Les poteaux supportant les câbles sont espacés de 12 mètres.

a) Déterminer la tension dans le câble sachant que la toiture supporte une charge uniformément répartie de 300daN /m2 ;

b) tracer les diagrammes M, N, T dans les deux poteaux.

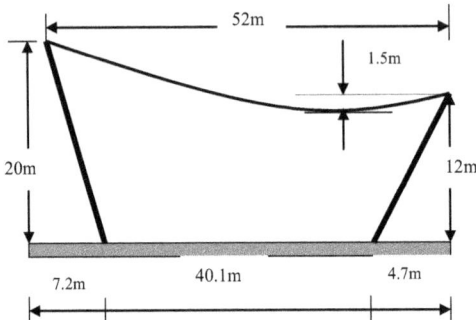

E6.4 La tour d'antenne radio a une masse de 1200kg. Elle est maintenus dans une position verticale AB par trois câbles de son sommet au sol en C, D et E. Un dispositif en f sur le câble AE permet d'ajuster la tension du câble. Si la tension AE est 5 kN, déterminer celle dans des deux autres. Rayon 12mètres.

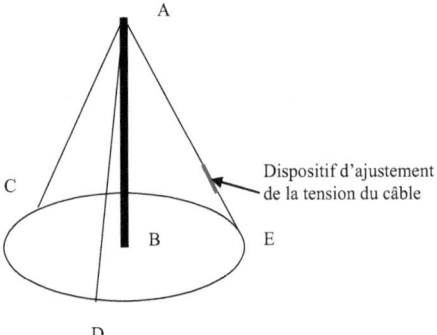

E6.5 Le pylône de la figure ci-dessous est soulevé par un câble. Lorsque l'angle a vaut 60°, la tension dans le câble est 35% du poids total du pylône. Déterminer les efforts dans la réaction du pylône, puis tracer les diagrammes M, N, T sur le pylône.

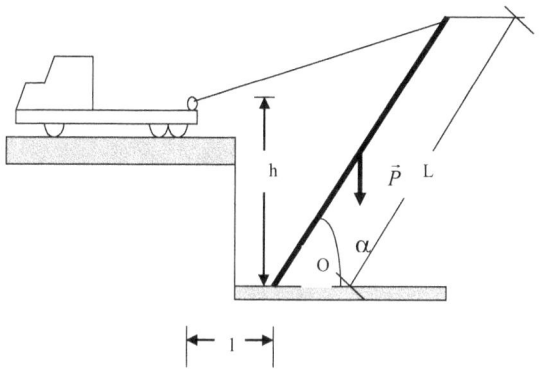

Chapitre 7 : Statique des fluides

Nous avons jusqu'alors parlé des actions des forces sur les solides rigides. On va ici s'intéresser à l'action des forces dues à la pression des fluides sur les corps solides. Nous appelons fluide ici toute substance qui au repos ne peut supporter aucun effort de cisaillement. La statique des fluides est en général appelée hydrostatique pour les liquides et aérostatique pour les gaz.

7.1 Pression en un point d'un liquide: Loi de Pascal

Au chapitre 1, nous avons vu que le vecteur contrainte en un point M d'un solide, était égal à :

$$\vec{T}(M,\vec{n}) = \lim_{dS \to 0} \frac{\vec{df}}{dS} \quad \text{ou}$$

$$\vec{df} = \vec{T}(M,\vec{n})dS$$

Où $\vec{df}$ est la force élémentaire appliquée sur une surface dS. Le vecteur contrainte ainsi définie est une fonction des coordonnées de M et de l'orientation $\vec{n}$ de la surface dS.

Dans un fluide, le vecteur contrainte ou pression est toujours normal à la surface de contact dS. Elle est donnée par la relation :

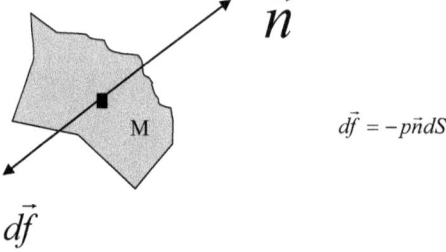

$$\vec{df} = -p\vec{n}dS$$

C'est un vecteur perpendiculaire en tout point à la surface de contact, $\vec{df}$ est la force exercée par le fluide sur la surface dS et est toujours orientée vers l'intérieur du volume limité par sa surface de contact. La pression d'un fluide en un point est indépendante de la direction.

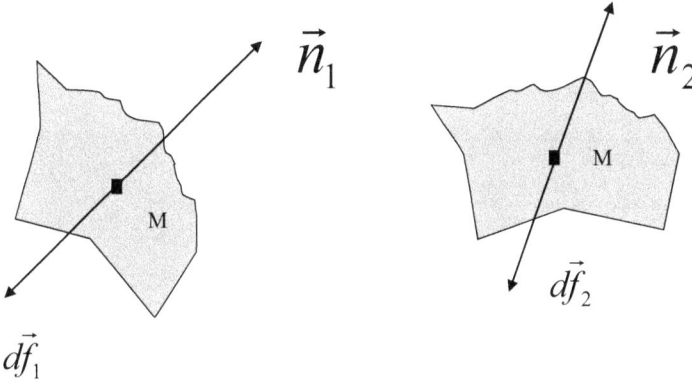

$p_1 = p_2 = p(M)$

- Pour un fluide parfait il n'y a pas de composante tangentielle de pression ;
- Pour un fluide réel caractérisé par une viscosité, il n'existe des composantes tangentielles que s'il y a mouvement non uniformément accéléré.

7.2. Equations fondamentales de la statique des fluides

Considérons dans un système d'axe O(x, y, z), un volume élémentaire dV=dxdydz d'un fluide. Ce volume est soumis aux actions de deux types de forces :

- Force de volume
$$d\vec{P} = dm\vec{g} = \rho dV \vec{g}$$
- Force de surface

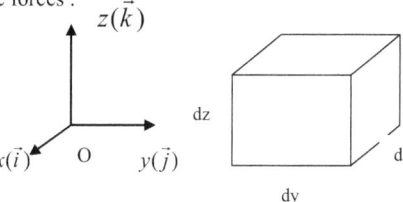

$$d\vec{F} = d\vec{F}_x + d\vec{F}_y + d\vec{F}_z$$
$$= (p(x) - p(x+dx))dydz\vec{i} + (p(y) - p(y+dy))dxdz\vec{j} + (p(z) - p(z+dz))dxdy\vec{k}$$
$$= (p(x) - (p(x) + \frac{\partial p(x)}{\partial x}dx))dydz\vec{i} + (p(y) - (p(y) + \frac{\partial p(y)}{\partial y}dy))dxdz\vec{j} + (p(z) - (p(z) + \frac{\partial p(z)}{\partial z}dz))dxdy\vec{k}$$
$$= -\frac{\partial p(x)}{\partial x}dxdydz\vec{i} - \frac{\partial p(y)}{\partial y}dydxdz\vec{j} - \frac{\partial p(z)}{\partial z}dzdxdy\vec{k}$$
$$= -\vec{\nabla} p dV$$

L'application du principe fondamental de la dynamique donne :

$$d\vec{P_x} + d\vec{F_y} = \rho dV \vec{\gamma}$$
$$\rho dV \vec{g} - \vec{\nabla} p dV = \rho dV \vec{\gamma}$$
soit $\rho \vec{g} - \vec{\nabla} p = \rho \vec{\gamma}$

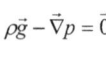

Pour un fluide au repos ou en mouvement uniforme cette relation devient :

$$\rho \vec{g} - \vec{\nabla} p = \vec{0}$$

Avec
$$-\frac{\partial p(x)}{\partial x} = 0;$$
$$-\frac{\partial p(y)}{\partial y} = 0$$
$$\frac{\partial p(z)}{\partial z} = -\rho g$$

C'est l'équation différentielle à résoudre pour connaître la pression en un point quelconque du fluide au repos.

7.3. Cas des fluides incompressibles

Un fluide est dit incompressible lorsque sa masse volumique ρ est constante. Tel est le cas en général pour les fluides. Dans ce cas l'équation différentielle ci-dessus donne :

$$\frac{\partial p(z)}{\partial z} = -\rho g = k = cons\tan te$$
$$p(z) = \int \frac{\partial p(z)}{\partial z} = -\int \rho g dz$$
$$p(z) + \gamma gz = k$$

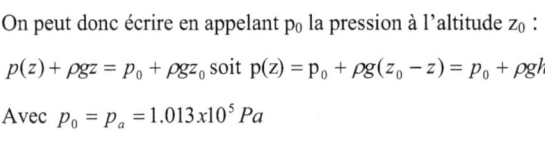

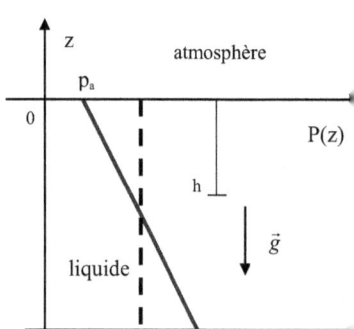

On peut donc écrire en appelant p_0 la pression à l'altitude z_0 :
$$p(z) + \rho gz = p_0 + \rho g z_0 \text{ soit } p(z) = p_0 + \rho g(z_0 - z) = p_0 + \rho g h$$
Avec $p_0 = p_a = 1.013 \times 10^5 Pa$

7.4. Application de la loi de Pascal

1) Pression dans un réservoir

Soit un réservoir contenant un liquide incompressible donné.

Nous voulons connaître la pression au point M de ce réservoir. Pour cela faisons déboucher en M un tube dans laquelle la surface libre se fixe en A à la hauteur z au dessus de M, pris comme origine des coordonnées.

En appelant p(A)=p_a la pression atmosphérique régnant en A, l'application de la loi de Pascal
Nous donne :

P(M)+0=p(A)+ρgz=k ou $\dfrac{p(M) - p(A)}{\rho g} = z$

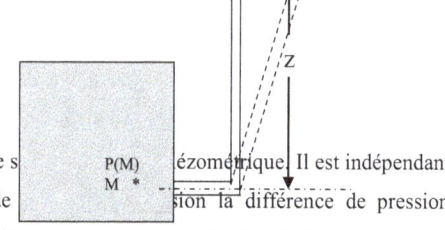

Le niveau A atteint par le liquide dans le tube s'appelle niveau piézométrique. Il est indépendant de l'inclinaison du tube. Cette relation permet de mesurer la différence de pression directement par des hauteurs de liquide. On choisit généralement, pour faciliter la lecture, un tube transparent.

2) Pression dans un mélange de liquide non miscible.

Pour déterminer la pression en un point, il est préférable de choisir comme niveau de référence une surface de séparation entre les deux liquides.
Ecrivons la relation fondamentale de la statique pour les deux points A et B. il vient :

$p(A) = p_a + \rho g h_1$
$p(B) = p_a + \rho g h_2$

Comme P(A)=p(B) (même niveau du même liquide) il vient $\rho_1 h_1 = \rho_2 h_2$.

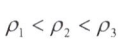
$\rho_1 < \rho_2 < \rho_3$

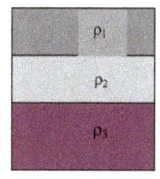

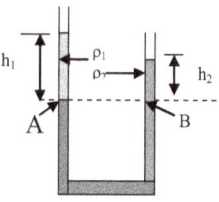

3) Mesure de la pression atmosphérique : Baromètre à mercure

Un baromètre à mercure donné sur le schéma a une colonne de 0.76m. Donner la pression atmosphérique p_a en pascal puis en mètre de colonne d'eau sachant que la densité du mercure est 13.6 fois supérieure à celle de l'eau..

$p_a = \rho g h + p(M)$
$= 13.6 * 1000 * 0.76$
$= 1.0133 * 10^5 \, Pa$

4) Manomètre différentiel

Il est utilisé pour mesurer les variations de pression entre A et D d'un circuit hydraulique. La densité du liquide dans le circuit est ρ_1 et celles du mercure ρ_2, avec $\rho_1 = 0.8\rho_e$ et $\rho_2 = 13.6\rho_e$.

Sachant que la variation du niveau du mercure est h1
Déterminer la variation de pression p_D-p_A dans le circuit.

solution

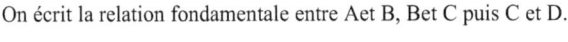

On écrit la relation fondamentale entre A et B, B et C puis C et D.
Entre A et B, A étant pris comme niveau de référence.

1- $\rho_A + 0 = p_B + \rho_1 g h_1$

2- $\rho_B + \rho_2 g h_1 = p_C + \rho_2 g(h_1 + h_2)$

3- $\rho_C + \rho g(h_1 + h_2) = p_D + 0$

En déterminant successivement p_B, p_C en fonction de p_A(connue), on trouve :

$\rho_A - \rho_D = (\rho_2 - \rho_1) g h_2$
$= 0.3 \times (13.6 - 0.8) 1000$
$= 3840 \, N/m^2$

ou en mètre de colonne d'eau :

$\dfrac{\rho_A - \rho_D}{(\rho_2 - \rho_1) g} = h_2$
$= 0.3 \, mCE$

7.5. Fluide compressible

7.5.1 Cas des gaz

Les gaz sont d'une manière générale compressible et leur masse volumique dépend de la température er de la pression. Soit M la masse molaire du gaz, T sa température. La loi des gaz parfaits nous donne :

$$pV = nRT$$

où R est la constante des gaz parfaits. De cette relation il vient :

$$p = \rho \frac{RT}{M} \quad \text{or} \quad \rho = \frac{m}{V} = \frac{nM}{V}$$

Soit $\rho = \dfrac{M}{RT} p$

$$\frac{\partial p(z)}{\partial z} = -\rho(p) g$$

$$\frac{\partial p(z)}{\partial z} = -\frac{M}{RT} p g$$

$$\frac{dp}{p} = -\frac{M}{RT} g \, dz$$

$$\int \frac{dp}{p} = -\int \frac{M}{RT} g \, dz + k$$

$$\ln p = -\frac{M}{RT} g z + k$$

$$p(z) = k \exp(-\frac{M}{RT} g z) = p_0 \exp\left[-\frac{M}{RT} g(z - z_0)\right]$$

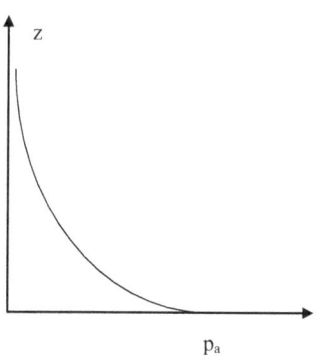

7.5.2 Cas des liquides

La variation de densité d'un liquide est liée à la pression par la relation :

$$\rho = \rho_0 (1 + \chi_T p) \quad \chi_T : 5*10^{-10} m^2/N$$

$$\frac{\partial p}{\partial z} = -\rho_0 (1 + \chi_T p)$$

$$\frac{dp}{1 + \chi_T p} = -\rho_0 g$$

Soit

$$p = \frac{1}{\chi_T} (e^{\chi_T \rho_0 g z} - 1)$$

Comme le coefficient de compressibilité χ_T est très petit devant l'unité, cette expression peut être développée en série soit :

$$p(z) = \frac{1}{\chi_T}\left(\chi_T \rho_0 gz + \frac{(x_T \rho_0 gz)^2}{2} + \ldots\right) = \rho_0 gz\left(1 + \frac{(x_T \rho_0 gz)}{2} + \ldots\right)$$

7.6. Forces pressantes sur une paroi

Si nous reprenons la figure ci-dessus, la résultante des forces pressantes sur la paroi est donnée par :

$$\vec{F} = \int_S -p\vec{n}dS$$

a) Force sur une paroi plane

- **Paroi immergé dans un fluide homogène**

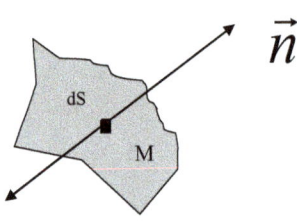

$$d\vec{F} = -p\vec{n}dS$$
$$= -\vec{n}\int_S (p_0 + \rho gz)dS$$
$$= -\vec{n}((p_0 S) + \rho g\int_S zdS) \qquad \int_S zdS = h_G S$$
$$= -\vec{n}(p_0 S + \rho g h_G)$$

La plaque étant immergée, les forces pressantes sont les mêmes de part et d'autre de la paroi et par conséquent s'annulent mutuellement.

- **Paroi externe d'un réservoir**

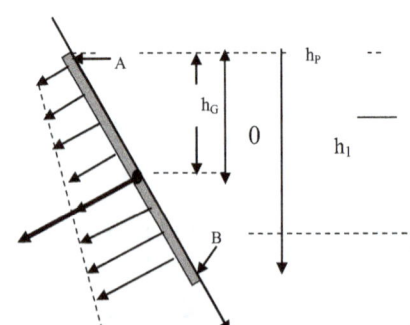

Pression atmosphérique à l'extérieur de la paroi :

$$\vec{P}_{ext} = -\vec{n}_2 S p_0$$

Pression intérieure totale

$$\vec{P}_{int} = -\vec{n}_1 S(p_0 + \rho g h_G)$$

La pression résultante sur la paroi est :

$$\vec{P} = \vec{P}_{ext} + \vec{P}_{int}$$
$$= -\rho g h_G S \vec{n}_1$$

En d'autres termes, la poussée exercée sur une surface plane par un fluide au repos ou en mouvement uniforme est égale au poids de la colonne de fluide ayant pour base la paroi et pour hauteur la profondeur du centre de gravité de la surface au-dessous de la surface libre.

Il serait intéressant de rechercher le point d'application P de cette résultante sur la paroi. Ce point P est tel que:

$$\vec{AP} \wedge \vec{F} = \int_{AB} \vec{AM} \wedge d\vec{F} \quad \text{avec}$$
$$AP.F = \int_{AB} AM.dF \qquad AM = \frac{h}{\sin \alpha}$$
$$dF = \rho g h dh$$

Où M est un point courant de la paroi sous pression.

$$AP = \frac{\int_{AB} AM.dF}{F}$$
$$= \int_0^H \rho g h^2 \frac{dh}{\sin \alpha} = \frac{\int_0^H \rho g h^2 \frac{dh}{\sin \alpha}}{\rho g \frac{H}{2} AB}$$
$$= \frac{2 \rho g H^3}{3 \rho g H AB \sin \alpha}$$
$$= \frac{2}{3} H$$

7.7. Forces de pression sur une surface non plane

Dans le cas d'une surface non plane, les forces de pression élémentaires ne sont plus parallèles et on peut définir les forces de poussée que par rapport à une direction comme étant la projection sur cette direction des forces de pression. Ainsi on peut dire :
   a) la projection sur une direction horizontale, de la résultante des poussées, est la poussée hydrostatique s'exerçant sur la projection sur cette direction du contour de la surface sur un plan perpendiculaire à cette direction ;

b) la projection sur la direction verticale de la résultante des forces de poussé est égale en grandeur au poids d'une colonne de fluide cylindrique verticale s'appuyant sur le contour de la surface S, limitée vers le haut par la surface libre et vers le bas par la surface S.

$$d\vec{F} = \rho g h \vec{n} dS$$

$$\begin{pmatrix} F_x \\ F_y \\ F_z \end{pmatrix} = \rho g h \begin{pmatrix} n_x \\ n_y \\ n_z \end{pmatrix} dS$$

F_x, F_y, F_z, représentent respectivement les forces pressantes sur les surfaces normales aux directions x, y et z.

Exemple :

Force pressante uniforme dans tout le fluide

$d\vec{F} = \vec{p} dS$

$dF_y = p dS_y$

$F_y = p S_y$

La résultante des forces de pression qui s'exercent sur une surface n... égale dS :ce de pression uniforme qui s'exercerait sur la projection de la surface sur perpendiculaire à la direction considérée.

7.8. Forces pressantes sur une surface fermée

Nous avons vu que la résultante des forces de pressions sur une surface est égale à :

$$\vec{F} = \int_S - p \vec{n} dS$$

Cette intégrale de surface peut être transformée en intégrale de volume en écrivant :

$$\vec{F} = \int_V - \vec{\nabla} p dV$$

Or on a vu aussi que :

$$\vec{\nabla} p = \rho \vec{g}$$

soit

$$\vec{F} = -\int_V \rho \vec{g} dV = -\rho \vec{g} V$$

Cette force correspond donc au poids du fluide déplacé. C'est la poussée d'archimède. Elle s'applique au centre de gravité du solide immergé.

Exercices

E.7.1 On considère un tube en U contenant trois liquides non miscibles de masses volumiques respectives ρ_1, ρ_2, ρ_3. Les surfaces de séparation par rapport à un plan de référence sont respectivement z_1, z_2 et z_3. Sachant que le système ainsi défini est en équilibre déterminer z_1, z_2 et z_3 avec $z_0-z_1=0.2$m, $z_3-z_2=0.1$m, $z_1-z_2=1$m. on donne : $\rho_1=1000$ kg/m^3, $\rho_2=13600$ kg/m^3, $\rho_3=700$ kg/m^3

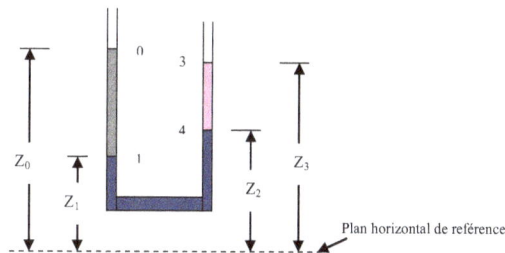

E7.2 L'eau est en général considérée comme incompressible, mais pour certaines applications telles que la conception des sous-marins, on doit tenir compte de cette compressibilité. Calculer la densité et la pression de l'eau de mer à 8 km de profondeur, sachant que la densité en surface est de 1026kg/m^3. On donne le module de compressibilité $\chi_T = 2210 \times 10^6$ N/m^2.

E7.4 Calculer la force F nécessaire pour maintenir l'équilibre si le récipient contient un gaz dont la densité est donnée par $\gamma = K_p^{1/2}$, $K=2.27$ N/m^2, et p étant la pression absolue.

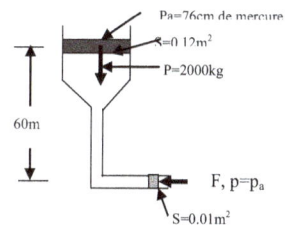

E7.5 Calculer la pression au point B si la pression en A est de 150kpa.

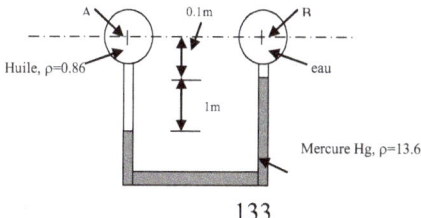

E7.6 Le manomètre incliné ci-dessous est rempli d'une huile dont la densité est 0.897.
Déterminer le diamètre d du tube pour qu'une pression de 2.5centimètres de colonne d'eau fasse monter l'huile d'une hauteur de l=10cm.

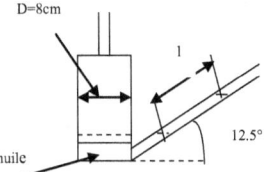

E7.7 la figure ci-dessous représente le comportement d'un liquide dont la densité varie linéairement avec la hauteur h. Etablir une relation entre r et h puis entre p et h.

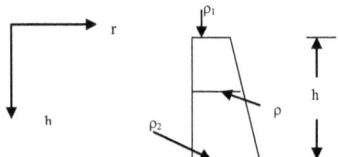

E7.8 Sachant que la pression au manomètre C indique 14kpa, déterminer la force exercée sur la vanne AB ($1 \times 1 m^2$) et son point d'application.

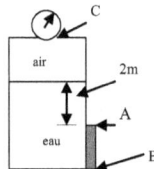

E.7.9 Un volet automatique est constitué par deux panneaux rectangulaires AO et OB, liés rigidement en O, inclinés de 45° par rapport à l'horizontal. Déterminer en B le poids P pour que le volet bascule lorsque le niveau atteint A, sachant que les deux panneaux ont pour poids respectivement P_1=2tonnes et P_2=5tonnes.

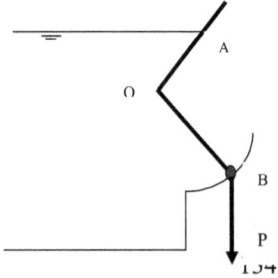

Références

1. A. Tchernov and N. Bessrebrennikov, **Les fondements de la thermique et de l'hydraulique**, edition Mir, Moscou, 1971

2. Daniel Frederick and Tien Sun Chang, **Continuum mechanics**, edition Allyn and Bacon, inc, Boston, 1965;

3. F Frey, **Analyse des structures et milieux continus, statique appliquée**, Traité de Génie Civil de l'Ecole Polytechnique de Lausane, Sous la direction de René Walther, Volume 1

4. F. Sidoroff, **Cours de Mécanique des solides**, Ecole centrale de Lyon, tome 1, Mécanique des milieux continus, 1985.

5. J.L. Merian and L.G. Kraige, **Enginnering Mechanics , Vol 1, Statics**, second edition, John Wiley and Sons, 1986

6. Mario Robillard, Guy Perron , **Charpente en acier**, edition Préfontaine inc, 1982.

7. Mpanjo Essembé, **Mécanique rationnelle**, tome 2, Edition CLE, 1975, Yaoundé.

8. R. Comolet, **Mécanique expérimentale des fluides** : tome 1, **Statique et dynamique des fluides non visqueux**, quatrième édition, 1985.

9. Roland Cravero, **Bases pour la résistance des matériaux**, édition Ellipses, 1997.

www.ingramcontent.com/pod-product-compliance
Lightning Source LLC
Chambersburg PA
CBHW051528230426
43668CB00012B/1776